이메일 쫌 아는 마케터

그로스 마케팅의 필수 스킬

이메일 쫌 아는 마케터

그 로 스
마 케 팅 의
필 수 스 킬

이하석 지음

e 비즈북스

차례

서문 _8

Chapter 1
이메일 마케팅의 중요성

이메일 마케팅의 장점과 단점 _15
이메일의 탄생 _22
이메일 마케팅의 현재 _27
실전강의 이메일 마케팅 기초 용어 _30

Chapter 2
이메일 마케팅의 기초

이메일 마케팅 퍼널 설계하고 최적화하기 _35
이메일 마케팅 툴 선택하기 _42
실전강의 대표 EMP를 소개합니다 _48

Chapter 3
이메일 구독자 리스트 확장하기

구독폼 제작하기 _55

구독 전환율을 높이는 효과적인 구독폼 설계하기 _61

구독자를 늘릴 수 있는 또 다른 방법 _68

> **실전강의** 구독폼 빌더를 소개합니다 _71

Chapter 4
브로드캐스트 이메일 작성부터 발송까지

이메일의 종류 결정하기: 브로드캐스트 이메일과 자동화 이메일 _75

이메일 작성에서 고려해야 할 요소들 _77

브로드캐스트 이메일 작성부터 발송까지 _84

Chapter 5
자동화 이메일 설계하기

자동화 이메일을 시작할 때 결정해야 할 것들 _93

자동화 이메일 핵심 전략 _96

자동화 이메일 구조 설계하기 _100

> **실전강의** 자동화 이메일 시퀀스 예시 _103

Chapter 6
태그, 세그먼트, 시퀀스 활용하기

태그, 세그먼트, 시퀀스 기초 알기 _109
태그와 시퀀스 활용하기 _113
세그먼트 활용하기 _124
시퀀스 응용해 전체 퍼널 자동화하기 _128

Chapter 7
이메일 마케팅 통합과 자동화, 그리고 지표측정

이메일 마케팅 통합과 퍼널 자동화 _137
이메일 마케팅 지표 측정 _149
`실전강의` 오픈율, 클릭률 높이기 팁! _155

이메일 마케팅 FAQ

이메일 마케팅 12문 12답 _161

서문

제가 이메일 마케팅을 처음 접한 건 스웨덴의 한 패션 회사에서 인터내셔널 세일즈 매니저 일을 시작한 2011년이었습니다. 당시 저는 B2B 비즈니스를 위한 국제 패션 쇼와 트레이드 쇼에 참가해 해외 약 50여 개국과 B2B 세일즈를 진행하고 있었습니다. 그때도 지금처럼, 비즈니스의 시작과 끝은 이메일이었습니다.

잠재 고객을 대상으로 보내는 메일인 콜드 메일 Cold Email 부터, 인보이스, 계약서 전달 등 거의 모든 비즈니스는 이메일로 진행했습니다. 처음에는 같은 이메일, 같은 파일을 수천 명에게 반복해 보내는 방식을 택했습니다. 비즈니스에서 이는 당연히 소모적인 일이었고, 당시 회사 대표였던 야콥도 저와 같은 생각을 하고 있었습니다. 그래서 우리는 본격적으로 이메일 마케팅 시스템을 활용해보기로 했습니다. 이때 선택한 이메일 마케팅 솔루션이 바로 메일침프 MailChimp 였고 새로운 세계가 열렸습니다. 반복되고 소모되는 업무가 사라진 것은 물론, 누가 이메일을 오픈했는지 누가 파일을 다운로드 받았는지 확인할 수 있을 뿐만 아니라 VIP로 지정한 사람들이 이메일을 열 때 핸드폰으로 알림까지 받을 수 있게 되었습니다.

그 후에도 이메일 마케팅을 이어갔고, 2번의 와우 모먼트가 있은 뒤

부터는 이메일 마케팅을 신봉하게 되었습니다. 첫 번째는 하세스트 HARSEST라는 패션 브랜드 마케팅 세일즈 에이전시 일을 시작하고 매거진 티포스트T-Post를 클라이언트로 맞았을 때의 경험입니다. 이들은 페이스북 광고로 이메일 구독자를 확보한 뒤 구독자들을 매거진의 월간/연간 구독자로 전환시키는 비즈니스 모델을 갖고 있었습니다. 당시 티포스트는 고객 전체에게 세일즈 중심의 이메일을 보내 고객을 홈페이지로 이동시킨 뒤 구독자로 전환시키려고 했습니다. 이를 위해 저는 이메일 시스템을 자동화시키고 구독자 패턴에 따른 세일즈 이메일로 이메일 마케팅의 구조를 변화시켰고 단 2개월 만에 티포스트는 회사 창립 이래 가장 높은 매출을 기록할 수 있었습니다.

두 번째 와우 포인트는 한국 브랜드를 대상으로 이메일 마케팅을 시도했을 때의 일입니다. 이때까지도 저에게는 이메일 마케팅에 관한 의심과 걱정이 있었습니다. "카카오톡처럼 이미 익숙한 메신저들이 있는데 고객들이 과연 이메일을 쓰려고 할까?" "젊은 연령대 고객들이 요즘도 이메일을 사용하기나 할까?"

이런 걱정은 모던 한복 브랜드 리슬LEESLE의 이메일 마케팅을 진행하며 눈 녹듯 사라졌습니다. 성공 요인은 첫째, 개인화된 자동화 이메일은 활용한 점, 둘째, 브랜드 리슬이 아닌 황이슬 디자이너가 직접 리슬의 팬과 서포터에게 보내는 방식의 개인적이고 감수성 넘치는 톤 앤매너였습니다. 리슬에서 발송한 자동화 이메일은 첫 번째 메일부터 40% 이상의 오픈율과 2% 이상의 답장률을 기록했습니다. 이때부터 이미 고객들로부터 진심어린 응원의 답장이 왔고 지금 이 순간에도 답장은 계속 오고 있습니다.

이 두 번의 와우 모먼트를 계기로 저는 이메일 마케팅에 관한 더 많은 실험과 연구에 돌입했습니다. 그러면서 점차 이메일 마케팅과 연결 가능한 더 넓은 범위의 마케팅까지 확장해나갔습니다. 결과적으로는 문서 자동화, 온 사이트 리타기팅 On Site Retargeting, 세일즈 퍼널 디자인, 자동화 마케팅, CRM 마케팅을 통해 현재 그로스 마케터 Growth Marketer로 성장할 수 있었습니다.

저는 독자 여러분이 이메일 마케팅을 통해 실질적인 결과를 얻으시길 희망합니다. 이메일 마케팅을 통해 여러분이 실제로 얻고자 하는 목적 및 결과를 메모하신 후 각 챕터에 따라 마케팅을 직접 진행해보십시오. 책에 소개된 이메일 마케팅 아이디어와 예시들은 여러분이 실제로 마케팅을 진행하시기 전까지는 본인의 것으로 만들 수 없습니다. 본인의 아이디어를 구현해보면서 제가 느꼈던 와우 모먼트 이상의 큰 기쁨을 느끼시길 바랍니다.

반복되는 업무의 괴로움에서 시작된 이메일 마케팅에 관한 고민들, 그리고 거기서 제가 느꼈던 감동이 이 책을 통해 여러분에게 조금이라도 전달되기를 바랍니다. 이메일 마케팅 그 이상의 마케팅이 가능할 만큼의 성취를 직접 경험하시길 응원합니다. 마지막으로, 책이 나오기까지 저에게 도움을 주신 모든 분에게 감사드립니다.

▶ 이 책은 이렇게 활용해주세요

이메일 마케팅은 콘텐츠를 통한 종합 경험 마케팅입니다. 여기 QR 코드를 스캔하신 후 이름과 이메일을 남겨주세요. 이메일 마케팅을 하실 때 도움될 내용들과 이메일 마케팅 관련 케이스 스터디를 계속 업데이트해 보내드립니다.

이메일 마케팅은 크리에이티브가 필요한 마케팅입니다. 이 책이 전달하는 내용은 제가 몇 년간 연구하고 진행했던 것에 불과할 수 있습니다. 이 책으로 시간을 아끼시되 여러분이 더 멋진 이메일 마케팅 케이스를 만들어주세요. 제 이메일로 여러분이 진행한 케이스를 공유해주시면, 이메일 마케팅에 관심 있는 다른 구독자분들과 공유해 "Sharing is Caring"의 힘을 실현해보겠습니다.

Chapter 1

이메일 마케팅의 중요성

이메일 마케팅의
장점과 단점

이메일 마케팅은 한 번의 세팅으로 끝나는 마케팅이 아닙니다. 계속 최적화를 해야 하며 진정성 있는 콘텐츠 전달과 결과 측정을 위한 기술적 분석이 필요합니다. 이메일 마케팅을 본격적으로 시작하기 전에, 이메일 마케팅의 특성을 장점과 단점으로 나누어 실제 진행할 마케팅 활동에서 강조할 점과 보완해야 할 점들을 살펴보시기 바랍니다.

이메일 마케팅의 장점

1 개인화(수신자 맞춤 커스텀)

이메일 수신자 맞춤 메시지 커스텀이 가능합니다. 이메일의 제목과 내용, 디자인을 수신자의 특성에 맞게 개인화할 수 있습니다. 개인화는 오픈율을 크게 끌어올립니다. 예를 들어 이메일 주소와 함께 구독자 정보, 이름을 받은 경우라면, 메일 제목에서 "안녕하세요, 이하석 님, 이 메일은 꼭 보셔야 합니다"처럼 쓸 수 있습니다. 이를 활용하여 만약 '가장 좋아하는 아이돌' 정보까지 수집한 경우, 본문에서 "안녕하세요, BTS를 좋아하는 이하석 님, BTS 굿즈 10% 할인 쿠폰을 드려요"처럼 활용할 수도 있습니다(예시에서 밑줄 그은 부분이 메시지를 개인화한 항목입니다. 앞으로 드는 예시에서도 밑줄 그은 부분을 수신자에 맞게 커스텀해 활용하실 수 있다고 이해하시면 됩니다).

2 즉시 발송 및 결과 확인

콘텐츠를 만든 즉시 발송 가능하며, 이메일을 오픈한 사람 중 50%가 6시간 안에 오픈하므로 데이터를 빠르게 얻을 수 있습니다. 다른 마케팅에 비해 결과를 얻는 속도가 빠르기 때문에 훨씬 많은 테스트가 가능합니다. 여러 번의 테스트를 바탕으로 콘텐츠를 최적화하면 트래픽에도 즉각 도움을 받을 수 있습니다.

3 저렴한 비용

SMS 등 다른 마케팅 수단에 비해 훨씬 저렴합니다. 대부분의 이메일 마케팅 솔루션은 무료 서비스를 제공하며 유료인 경우에도 한 달에 약 1만 원 정도면 바로 서비스 이용이 가능합니다.

4 높은 노출 가능성

이메일 마케팅 솔루션 대부분은 구독자 수에 따라 과금하는 방식이며 이메일을 보내는 횟수에는 제한을 두지 않습니다. 그러므로 구독자들에게 노출될 가능성을 높이기 쉽습니다. 소셜 미디어 광고와 비교하자면, 소셜 미디어 알고리즘에 따른 노출 가능성이 0.58%일 때 이메일 마케팅의 노출 가능성은 22%나 됩니다.

5 최적화 가능

이메일 마케팅은 누가, 언제, 어디서 오픈하고 클릭하는지 알아낼 수 있는 거의 유일한 마케팅 수단입니다. 이런 데이터를 기반으로 발송 시간, 제목 카피, 콘텐츠 디자인 등을 변경해가며 최적화가 가능하고 이를 통해 오픈율과 클릭률을 측정할 수 있습니다. 예를 들어 제목 카피 안에 이모지 사용 및 개인화 여부에 따른 오픈율을 비교하거나 비슷한 단어 간 오픈율을 비교해 최적화할 수 있습니다. 한발 더 나아가 구글 애널리틱스와 연동한다면 이메일 내부 링크 클릭 후 해당 링크에서의 행동 패턴까지 분석할 수 있어 광범위의 데이터 트래킹이 가능합니다.

6 트래픽 증대

이메일 내부 링크를 클릭하도록 유도해 홈페이지 트래픽을 높이거나, 구글이나 네이버 같은 검색엔진으로 링크를 연결해 SEO 랭킹을 높일 수 있습니다. 이 과정에서 각 링크별 UTM을 사용할 경우 어떤 링크를 통한 전환이 좋은지 비교하거나, 관심도를 세그먼트로 분류해 더 정교한 관심사 타기팅을 할 수도 있습니다.

7 세그먼트화 가능

이메일 구독자들을 특정 그룹으로 세그먼트화해 해당 그룹에 맞는 콘텐츠를 보낼 수 있습니다. 예를 들어 구독자를 모집할 때 나이, 성별, 지역, 구매한 상품 등을 알 수 있도록 설정했다면 이에 따라 특정 그룹에 속한 사람에게만 그에 맞춘 이메일을 보내서 오픈율, 클릭률, 전환율을 높일 수 있습니다.

8 고객과의 소통 창구

이메일은 고객과 소통하고 관계를 형성하기 좋은 마케팅 수단입니다. 소셜 미디어 유저가 많아지면서 이메일 마케팅이 소통 채널로 다시 각광받는 이유도 여기 있습니다. 내가 인스타그램에서 팔로잉하는 인플루언서가 개인화를 통해 내 이름이 붙은 이메일을 보낸다면, 단순히 인스타그램 피드에 올린 이미지로 콘텐츠를 보는 것보다 훨씬 더 임팩트가 있을 것입니다.

이메일 마케팅의 단점

1 전달률의 저하

'왜 내가 보낸 메일이 자꾸 스팸으로 분류되지?' 하는 고민을 해본 적 있으신가요? 스팸 분류는 이메일 마케팅에 있어 가장 큰 방해요인입니다. 지메일, 네이버, ISP Internet Service Provider (인터넷 서비스 제공업체)는 서비스마다의 기준과 알고리즘으로 스팸 메일을 필터링합니다. 스팸이 아니더라도 이메일이 반송 Bounce 되는 경우가 있는데, 반송을 크게 두 가지로 나누자면 다음과 같습니다.

- 하드 바운스 Hard Bounce

  영구적으로 메일이 전달될 수 없는 경우입니다. 존재하지 않는 이메일 주소를 입력했거나, 이메일 도메인에서 발신인을 수신 거부한 경우입니다. 이 경우에는 해당 수신자를 목록에서 삭제해도 무방합니다.

- 소프트 바운스 Soft Bounce

  해당 이메일의 용량이 너무 크거나 받는 사람의 메일함 용량이 꽉 찬 경우입니다. 이 경우에는 이메일 서버가 자동으로 몇 번 더 발신을 시도합니다.

그렇다면 이메일 전달률을 높이는 방법으로는 무엇이 있을까요? 더블옵트인 Double Opt-in을 시도해볼 수 있습니다. 더블옵트인이란 이메일을 구독하면 신청한 메일로 구독신청 확인 메일을 재차 보내서 다시 한번 구독 여부를 확인하는 방법입니다. 이 경우 실제 구독률은 다소 낮아질 수 있지만 전달력은 높아집니다.

또한 이메일 발신자가 위조된 이메일 도메인을 사용하지 않는지 검증하는 SPF, DKIM을 통해 전달력을 높일 수도 있습니다. 이메일 마케팅이 발전하는 속도만큼 남용하는 사례가 많아짐에 따라 이메일 전달력 향상이 점점 더 어려워지고 있기 때문에 더블옵트인, SPF, DKIM 세팅이 더욱 중요합니다.

2 구독 취소 가능성

2017년 기준으로 전 세계에서 1초당 260만 개의 이메일이 보내진다고 합니다. 더 놀라운 사실은 그중 67%가 스팸이라는 점입니다. 스팸 또는 구독자와 연관성 없는 이메일은 이메일 자체를 광고로 여기게 만드는 주요 원인이며 이메일 마케팅의 가장 큰 걸림돌입니다.

3 이메일 제작과 마케팅 세팅에 드는 시간

2023년 스티비 이메일 마케팅 리포트에 따르면 이메일 기획과 제작에 평균 13시간 18분, 발송 후 분석과 개선에 평균 5시간 16분을 사용한다고 합니다. 누구나 쉽게 이메일을 디자인해 보낼 수 있지만, 이메일 마케팅과 자동화 및 분석에는 많은 시간이 필요합니다. 구독폼의 이미지, 카피, 버튼 색 등을 A/B 테스트해야 하며, 어떤 위치에 구독폼을 배치했을 때 가장 좋은 구독률을 보이는지도 테스트를 통해 최적화해야 합니다.

또한 이메일 자동화를 할 경우, 구독자가 콘텐츠를 소비하는 데 드는 소요 시간을 확인하고 트래킹하기 쉽지 않아 콘텐츠 제작만큼이나 기술적인 부분에 있어서도 많은 시간이 필요합니다.

4 기술적 어려움

이메일 마케팅은 기술이 필요한 마케팅입니다. 다른 애플리케이션과 연계가 필요하기도 하며 홈페이지 트래킹까지 시도할 경우 고급 마케팅 기술을 필요로 합니다. 그렇기 때문에 이메일 마케팅은 누구나 할 수 있는 마케팅이지만, 누구나 성공할 수 있는 마케팅은 아닙니다. 메일침프, 스티비, 컨버트킷 같은 EMP가 이메일 마케팅을 쉽게 시작할 수 있도록 서비스는 제공하지만 각 서비스가 가진 기능과 API의 범위가 다를 수 있기 때문에 어떤 솔루션을 쓰느냐에 따라 이메일 마케팅의 성공 가능성 및 확장성은 크게 달라집니다.

이메일의 탄생

이메일 마케팅을 시작하기 전에 이메일의 역사부터 간략히 살펴보겠습니다. 이메일의 역사는 50년 남짓으로 그리 길지 않지만 오늘날처럼 이메일이 익숙한 커뮤니케이션 수단이 되고 각광받는 마케팅 툴이 되기까지 다양한 변화가 있었습니다. 이메일이라는 용어가 처음 만들어졌던 1970년부터 2010년대 이후 이메일 마케팅 자동화를 이루기까지의 흐름을 소개합니다.

이메일의 첫 등장

이메일의 창시자로 가장 많이 거론되는 사람은 인도계 미국인인 시바 아야두라이 Shiva Ayyadurai 입니다. 그는 고등학생이던 1970년에 'EMAIL'이라는 소프트웨어를 만들었습니다. '이메일'이라는 용어도 이때 처음 만들어졌으며 이듬해인 1971년에는 이메일이 최초로 발송됐습니다. 같은 해, 레이 톰린슨Ray Tomlinson이라는 미국의 프로그래머는 인터넷의 조상 격인 시스템 아파넷Arpanet에서 이메일을 보낼 수 있는 프로그램을 고안했습니다. 아파넷 유저들은 이메일을 본격적으로 주고받기 시작했습니다.

1972년에는 래리 로버츠Larry Roberts가 최초의 이메일 매니지먼트 시스템인 'RD'를 고안했습니다. RD를 통해 유저들은 메일을 리스트로 만들거나 전달 또는 답장할 수 있었습니다. 1972년은 MIT출신의 아비 부샨Abhay Bhushan과 동료들이 FTP 기반의 이메일 전송을 시작한 해이기도 합니다. USC에서 일하던 프로그래머 존 비탈John Vittal은 1975년, 최초의 통합 이메일 프로그램인 'MSG'를 개발함으로써 커뮤니케이션 수단으로서의 이메일을 한 단계 발전시키는 계기를 만들었습니다. 스팸의 아버지라고 불리는 개리 튀어크Gary Thuerk가 아파넷에서 400여 명에게 보낸 이메일로 약 150억 원의 세일즈를 만든 것은 이메일이라는 용어가 생긴 지 약 8년이 지난 1978년의 일입니다.

1980년대에 들어서는 프로토콜이 등장하기 시작했습니다. 1982년에는 이메일 전달의 표준화 프로토콜 SMTP가 발표됐고, 1984년에는 이메일 수신 프로토콜 POP, 1986년에는 매니징까지 가능한 IMAP가 발표되며 큰 도약을 이뤘습니다. 1984년, 최초의 상업적 성공을 이룬 그래픽 유저 인터페이스 컴퓨터 맥킨토시 128K가 출시된 뒤, 1988년에 들어서야 그래픽이 들어간 이메일 애플리케이션 '유도라Eudora'가 발표됐습니다. 그 후 맥OS를 위한 마이크로소프트 메일의 첫 번째 버전이 등장하고, 1991년 들어 도스, 윈도우 버전이 연이어 공개됐습니다.

1990년대에 들어서는 인터넷 사용자가 기하급수적으로 늘어나면서 이메일 마케팅에서도 일반 사용자들이 차지하는 비중이 커졌습니다. 1993년에는 마이크로소프트가 아웃룩을, AOL이 이메일 시스템 AOL 메일을, 필립 할람 베이커 Phillip Hallam-Baker가 웹 메일을, MS메일이 애플톡 네트웍스 AppleTalk Networks라는 이메일 시스템을 발표했습니다.

핫메일과 메일침프의 등장

1996년, 이메일 마케팅 역사에 한 획을 긋는 일이 일어납니다. 바로 '핫메일 Hotmail'의 탄생입니다. 핫메일은 사비어 바티아 Sabeer Bhatia와 잭 스미스 Jack Smith가 HTML 베이스로 만든 이메일 서비스로, 등장한 지 약 2년 만에 850만 명 가입자 유치에 성공했습니다. 차후 핫메일은 마이크로소프트에 약 4천억 원으로 인수된 뒤 몇 번 이름이 바뀌며 현재 '아웃룩'에 이르고 있습니다.

1997년은 전 세계 인터넷 사용률이 1%를 넘긴 해입니다. 핫메일과 함께 '로켓 메일 Rocket Mail'이 메이저 이메일 서비스 업체로 성장했습니다(로켓 메일은 차후 야후 메일 Yahoo Mail로 인수 합병되었습니다). 같은 해 국내에서는 다음 Daum의 '한메일 Hanmail'이 등장하기도 했습니다.

2001년, 드디어 메일침프 MailChimp가 탄생합니다. 메일침프는 로켓 사이언스 그룹 Rocket Science Group이라는 디자인 에이전시로 시작한 EMP입니다. 메일침프가 등장하고 나서야 이메일 수신자를 한번에 목록화해 전체 메일을 보낼 수 있게 되었습니다.

오늘날 이메일 오픈율의 50%를 차지하는 모바일에서의 이메일 확인은 2002년에 들어서 블랙베리가 최초로 이뤄낸 성과입니다. 이 시기부터 이메일 마케팅이 급속도로 발전했고 스팸 메일 남용에 따른 개인정보법인 스팸법 CAN-SPAM도 2003년 제정되었습니다.

지메일의 대중화와 이메일 마케팅의 본격화

구글의 '지메일 gmail'은 2004년에 대중에게 공개되어, 이제 전 세계에서 가장 많은 사용자를 가진 서비스가 되었습니다. 2018년 기준 15억 명이 지메일을 사용하고 있으며 105개 국어로 서비스 중입니다. 2005년에는 메일의 IP를 확인해 스팸 메일을 차단할 수 있는 'SPF Sender Policy Framework'가 등장했습니다. 2010년대에는 이메일 마케팅 관련 SaaS Software as a Service (서비스형 소프트웨어)로 이메일 마케팅 통합이 가능해졌으며, CRM 자동화가 가능해지면서 고도화된 이메일 마케팅의 기반을 닦았습니다.

2018년 들어서는 스팸, 쿠키 등 개인정보와 관련해 한층 더 적극적인 형태의 글로벌 데이터 보호 표준이 포함된 GDPR General Data Protection Regulation이 유럽에서 시작되었고, 같은 해 미국에서도 비슷한 규정인 CCPA California Consumer Privacy Act가 등장했습니다.

정리하면, 이메일은 인터넷 이용자가 폭발적으로 늘어나는 1990년대 후반을 전후로 큰 변화가 있었고, 2000년대 초반 메일침프 같은 EMP를 통해 마케팅 수단으로서 확고한 자리를 잡았습니다. 그 후 2002년 블랙베리, 2007년 아이폰 출시로 PC에서 모바일로의 움직임이 일어났고, 페이스북, 인스타그램 같은 소셜 미디어의 확산으로 이메일에 대한 관심은 상대적으로 축소되기 시작했습니다.

　2010년대 중후반에 들어서야 마케팅 자동화 분야가 크게 성장했고 이메일 마케팅의 통합이 이뤄지면서 새로운 국면을 맞이하기 시작했습니다. 그때부터 본격적으로 구독 서비스 및 비즈니스 전문화를 통해 이메일이 다시 새로운 마케팅 수단으로 떠올랐습니다.

이메일 마케팅의 현재

앞서 이메일이 마케팅 수단으로 급부상한 2010년대까지의 흐름을 살펴보았습니다. 그후 EMP가 본격적으로 대중화되며 이메일은 세일즈를 이끌어내고 고객과 커뮤니케이션을 긴밀히 유지할 수 있는 고도화된 마케팅 툴로 발전했습니다.

세일즈를 이끌어내는 이메일 마케팅

메일침프, 스티비 같은 이메일 마케팅 서비스 EMP가 태동하던 2000년대 중반부터 2010년대 초반까지 시기에 조금 더 집중해보겠습니다. SaaS 형태인 EMP는 미국 서부 스타트업 붐과 함께 성장했습니다. EMP를 사용함으로써 매달 적은 금액으로 언제라도 쉽게 메일을 보낼 수 있게 되었고, EMP가 제공하는 디자인 템플릿으로 누구라도 프로페셔널한 이메일을 만들 수 있게 되었습니다.

새로운 아이템 출시, 세일 소식 등 프로모션 이메일을 보내기도 쉬워졌으며, 개별 관심사에 맞게 수신자 리스트를 만들어 특정 그룹에만 이메일을 보낸다거나, 지역의 특정 시간에 맞게 이메일을 보내거나, 이메일 내부의 링크를 클릭했을 때 미리 준비된 메일을 자동으로 보는 등 여러 기능이 급속도로 발전됐습니다.

2010년대 와서는 재피어Zapier 같은 API 기반 통합 솔루션의 발전으로 이메일 마케팅은 훨씬 더 발달하게 됩니다. 구독자가 생겼을 때 슬랙으로 자동 알림을 보내거나, 커머스 홈페이지에서 장바구니에 담은 상품이 구매로 이어지지 않을 때 자동으로 이메일을 보내거나, 이메일 내에서 특정 링크를 클릭했을 때 문자 또는 카카오톡 같은 메신저로 알림 메시지를 보낼 수 있게 되었습니다.

이처럼 현재 이메일 마케팅은 구독자 리스트에 포함된 고객들이 원하는 세일즈를 이뤄내거나, 그들을 평생 고객으로 만들 수 있는 형태로 고도화되고 있습니다.

수치로 증명된 이메일 마케팅의 효과

이메일 마케팅은 2010년대 후반부터 오늘날까지 기술·콘텐츠·마케팅 면에서 크게 진보했습니다. 오늘날 이메일 마케팅은 직접 세일즈를 일으키는 오프사이트 마케팅뿐 아니라 CRM, 온 사이트 리타기팅과도 연결 가능한 통합 마케팅 수단으로 널리 사용되고 있습니다. 스티비 자료에 따르면 다음과 같이 그 효과를 수치로 증명하고 있습니다.

- 이메일 마케팅을 사용하는 목적 중 회사, 단체에서 사용하는 비율 79.5%
- 개인 회원의 최근 3년간 연평균 성장률 133.7%
- 회사, 단체 회원의 최근 3년간 연평균 성장률은 48.1%
- 2020년 스티비로 발송한 이메일 수 5.2억 개(2019년 대비 86.2% 증가)
- 개인 뉴스레터의 평균 오픈율 21.8%
- 개인 뉴스레터의 평균 클릭률 5.4%
- 회사 단체의 뉴스레터의 평균 오픈율 12.9%
- 회사 단체의 뉴스레터의 평균 클릭률 2.1%
- 구독자 5,000명 초과한 뉴스레터 이메일 발송시 오픈율 11.7%
- 구독자 1~500명인 이메일 발송시 오픈율 42.5%

출처: 스티비

이메일 마케팅 기초 용어

• • •

이메일 마케팅 솔루션(EMP, Email Marketing Provider)
EMP는 이메일 마케팅 제공자라고도 불리며, 이메일을 원하는 시간에 보낼 수 있게 도와주는 웹 베이스의 소프트웨어입니다. 대표적 EMP로는 메일침프, 아이콘택트 iContact, 스티비 등이 있습니다. 이메일을 보내기 위한 리스트 또는 세그먼트를 여러 개 만들 수 있으며, 이메일 콘텐츠를 쉽게 디자인할 수 있는 템플릿과 에디터를 제공합니다. 또한 이메일을 작성한 뒤 즉시 또는 예약된 시각에 발송할 수 있으며, 미리 써놓은 메일이 구독 신청 또는 상품 구매와 같은 트리거를 통해 자동 발송될 수 있는 기능을 제공하기도 합니다.

대부분의 EMP는 이메일 구독자를 모을 수 있는 구독폼을 제공합니다. 홈페이지 내에 코드를 심어 임베드 또는 팝업 형태로 만들 수 있으며 홈페이지 유무에 상관 없이 독립 URL을 갖는 랜딩 페이지를 제공하는 EMP도 다수 있습니다. 이메일 구독폼 안에서 추가로 전화번호, 이름 등의 필드값을 추가하여 원하는 정보를 얻을 수도 있습니다. 이 정보는 개인화된 이메일을 보내는 데 사용할 수 있습니다.

마케팅 자동화(Marketing Automation)
마케팅 자동화 툴은 EMP가 구현할 수 있는 이메일 마케팅 이상의 고급 기능을 구현할 수 있게 해줍니다. 대표적 마케팅 자동화 툴로는 허브스팟 HubSpot, 샤프스프링이 있습니다. 마케팅 자동화 솔루션을 사용할 경우, 이메일 마케팅을 콘텐츠 마케팅, 광고 등과 통합하여 모든 내용을 한번에 자동화 및 트래킹할 수 있습니다. 이메일을 받은 구독자가 홈페이지에 랜딩 후 그 안에서 특정 행동을 할 경우 이메일 또는 SMS를 수신하게 할 수 있으며 클릭에 따른 KPI 측정이 가능합니다. 또한 광고를 통해 잠재고객의 이메일 등 정보를 습득한 후 수집된 이메일 주소를 통해 유사 타기팅 광고를 진행, 보다 더 유효한 잠재고객을 유치한 후 전환 값을 ROAS 등으로 효율을 측정할 수 있습니다.

즉, 상품을 처음 알게 되는 광고부터 구매 전환까지 총체적인 부분에 관해 비용을 절감하도록 자동화가 가능합니다. 마케팅 자동화는 잠재고객의 발굴에서 구매전환까지를 목적으로 하며, 누적된 고객 데이터를 세그먼트화하거나 고객 행동 패턴 분석을 통해 특정 메시지를 보낼 수 있습니다.

고객 관리 시스템(CRM, Customer Relationship Management)

고객 관리 시스템 툴은 마케팅 툴이 아닌 세일즈를 위한 툴로서 브랜드와 고객의 첫 접점부터 구매까지 모든 고객 여정 정보를 관리할 수 있도록 도와줍니다. 이 툴을 활용하면 고객의 개인 정보 및 구매 상품, 고객의 문의 사항 등을 통합해 관리함으로써 고객 만족도를 증대시킬 수 있습니다. 대표적 CRM 툴로는 세일즈포스 Salesforce, 조호 Zoho CRM, 파이프라인딜스 PipelineDeals, 님블 Nimble, 캡슐 Capsule CRM 등이 있습니다.

실제로 마케팅 자동화가 EMP 전부를 커버하거나 CRM이 마케팅 자동화 및 EMP 역할을 하는 경우도 있으며, EMP가 부분적으로 CRM의 역할을 하는 부분도 있습니다. 중요한 것은 EMP를 시작으로 비즈니스가 커짐에 따라 필요한 부분을 자동화하고 CRM을 순차 확장하는 것입니다.

드립(Drip) 캠페인

미리 써놓은 이메일과 SMS가 특정 트리거에 맞춰 나가는 캠페인을 드립 캠페인이라고 합니다. 최근의 경향은 이메일과 SMS를 같이 사용하여 드립 캠페인을 진행합니다. EMP에서 드립 캠페인을 칭하는 용어를 정리하자면, 메일침프는 오토메이션 Automation, 겟리스폰스 GetResponse는 시놉시스 Synopsis, 드립 Drip에서는 캠페인, 스티비에서는 자동 이메일이라고 칭합니다.

브로드캐스트 이메일
작성 후 특정 트리거에 의해서가 아니라 즉시 또는 예약된 시간에 나가는 이메일을 브로드캐스트 이메일이라고 합니다. 이메일을 작성한 시점과 발송하는 시점이 크게 차이가 나지 않는 경우가 많기 때문에 보통 시의성 있는 콘텐츠들은 브로드캐스트 이메일 형태로 발송합니다. 뉴스 소개, 신제품 소개, 새로운 세일즈 소식 등이 이에 해당합니다. Chapter 4에서 자세히 다룰 예정입니다.

Chapter 2

이메일 마케팅의 기초

이메일 마케팅 퍼널 설계하고 최적화하기

세일즈를 이끌어내기 위한 다른 마케팅과 마찬가지로 이메일 마케팅 역시 퍼널 설계는 필수입니다. 마케팅 퍼널 AIDA와 AISAS를 통해 이메일 마케팅에 적용 가능한 퍼널 구조를 살펴보고, 퍼널 단계별로 어떤 맞춤 메일을 발송해야 하는지, 그리고 어떻게 이메일 퍼널을 최적화할 수 있는지 알아보겠습니다.

마케팅 퍼널 AIDA와 AISAS

1 마케팅 퍼널 AIDA

상품 인지에서 실제 액션까지, 잠재고객이 실제 구매고객으로 전환되는 프로세스를 시각화한 것을 마케팅 퍼널이라고 합니다. 깔대기라는 뜻인 퍼널은 마케팅에서 파이프라인Pipeline, 사이클Cycle과도 함께 쓰이는 용어입니다. 마케팅 퍼널의 가장 넓은 부분을 차지하는 맨 위의 인지 단계를 TOFU Top of Funnel라고 부릅니다. 그 아래, 고객의 흥미와 욕망에 어필하는 유도 Nurturing 단계 MOFU Middle of Funnel, 그리고 가장 좁은 부분이자 가장 아래에 있는 구매 액션 단계 BOFU Bottom of Funnel로 구분합니다. 마케팅 퍼널 중 가장 오래되고 대중적인 AIDA를 그림으로 표현하면 다음과 같습니다.

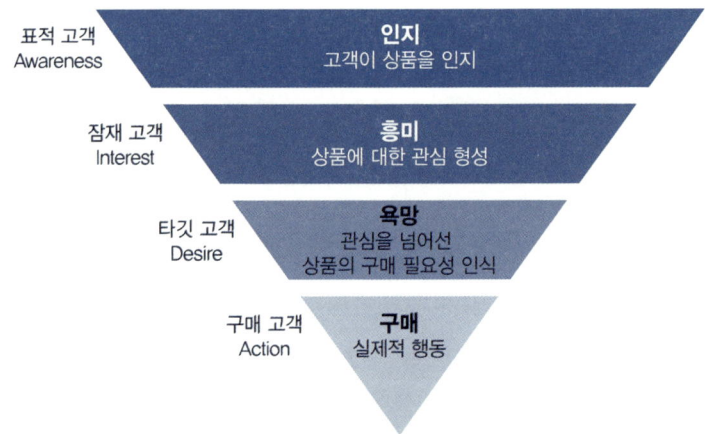

2 마케팅 퍼널 AISAS

AIDA 등장 후 이를 바탕으로 비슷한 패턴의 퍼널이 등장해왔습니다. 그중 하나, 2005년 일본의 유명 광고대행사 덴쓰에서 개발한 마케팅 퍼널 AISAS를 이어 소개합니다.

　AISAS는 주의 Attention → 관심 Interest → 검색 Search → 행동 Action → 공유 Share 단계를 거칩니다. Search와 Share, 즉 포털사이트 및 소셜 미디어에서 제품 정보를 검색한 뒤 리뷰 등을 공유하며 순환할 수 있는 퍼널입니다.

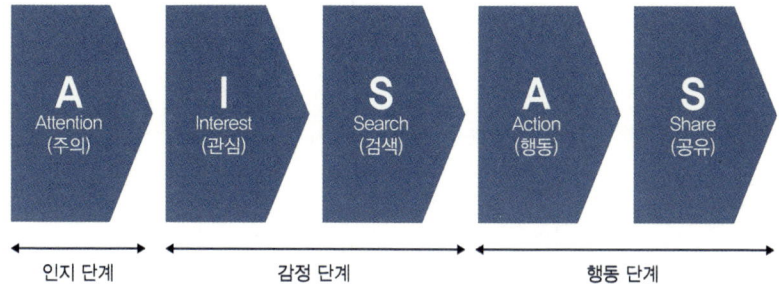

이메일 마케팅에서 퍼널 구조는 액션이 무엇이냐에 따라 달라질 수 있습니다. 액션은 이메일 구독자 증가, 구매전환, 전자책 또는 PDF 다운로드 등이 될 수 있습니다. 하지만 단순히 몇 개의 이메일 자동화로 액션을 만들기는 쉽지 않기 때문에 비즈니스 분야, 상품, 서비스의 종류에 따라 퍼널 구조를 조금씩 다르게 설계해야 합니다.

마케팅 퍼널 구조에 따라 달라지는 메일 내용

1 첫 번째 메일: 구독 또는 가입 감사 메일

구독자가 처음 받는 이메일은 구독 또는 가입에 대한 감사 메일인 경우가 일반적입니다. 첫 메일이 가장 오픈율이 높은 경우가 많기 때문에 전달력을 높이기 위해 신경 써야 합니다. 단순히 감사만 전달하는 것이 아닌 메일 발신자의 개인적인 목소리를 담은 내용이 구독자와 가까운 관계를 형성하는 데 도움이 됩니다.

2 두 번째 메일: 아티클 형식의 정보성 메일

두 번째 메일은 구독자가 앞으로 받을 메일들을 계속 읽을지 판단하는 핵심 기준이 됩니다. 퍼널 구조상 가장 중요한 역할을 하는 메일이라고 할 수 있습니다. 직접적인 회사 소개나 상품 소개를 담기보다는 아티클 리스트 형식의 정보성 메일을 추천합니다. 구독자가 실제로 자신에게 도움이 되는 메일이라고 인식하도록 만드는 것이 중요합니다.

3 세 번째 메일: 회사 또는 상품 소개 메일

세 번째 이메일 정도가 회사나 상품에 관한 소개를 하기에 적절합니다. 광고성이 짙은 이메일은 구독자들이 꺼려하므로 구독 취소로 이어질 가능성이 높습니다. 스토리텔링 기법(메시지, 갈등, 등장인물, 플롯)을 적극 활용해 구독자들이 상품 소개 메일에 재미를 느끼도록 하는 경우가 많습니다. 또 부정적인 기사 클릭률이 긍정적인 기사 클릭률보다 높은 것이 일반적인 점을 활용해 좌절, 실패에서 시작해 극복담으로 이어지는 콘텐츠를 전달하기도 합니다.

4 그 다음 메일들: 흥미로운 이야기, 추천사, 설문 등

그 다음 이메일 퍼널부터는 흥미로운 이야기, 회사 내부 이야기, 추천사, 설문이나 퀴즈 등으로 구독자의 관심을 끌 수 있습니다. 흥미로운 이야기를 소재로 우연히 읽은 사람이라도 관심 가질 만한 메일을 준비해야 합니다. 고객의 페인 포인트Pain Point를 해결할 수 있는 아이템이라는 점, 차별화된 셀링 포인트가 있다는 점을 강조합니다.

회사 내부 이야기를 메일에 담으면 회사의 투명성을 대외에 인식시킬 수 있습니다. 예를 들어 제조 회사의 경우 제조 공정의 청결함을 강조할 수 있으며, 직원 단체 사진만 활용하더라도 브랜드 신뢰도를 향상시킬 수 있습니다.

추천사는 잠재 고객이 가진 흥미를 구매 욕구로 전환할 수 있는 중요 콘텐츠입니다. 상품이 가진 특징을 잘 살린 추천사의 조합으로 상품의 만족도를 강조할 수 있습니다. [상품 더 알아보기] 같은 클릭 버튼을 통해 퍼널의 마지막 부분인 액션으로 연결할 수 있는 소프트 셀Soft Sell 메일로도 활용할 수 있습니다.

설문이나 퀴즈를 활용해 고객을 상품에 관여시킨 뒤 쿠폰을 발행하면, 단순 가입을 통해 받을 수 있는 쿠폰보다 사용 확률이 올라갑니다. 앞서 소개한 다른 종류의 이메일은 수신자가 직접 답장하는 경우를 제외하면 모두 일방적으로 정보를 제공하는 관계를 형성하지만, 설문이나 퀴즈를 통해 고객 관여도를 올리면 세일즈 전환을 위한 첫 발을 떼게 됩니다.

이러한 과정들을 통해 구독자가 상품에 관심을 가지는 것 이상으로 상품의 필요성을 느낀다면, 이제 실제 구매로 전환하는 단계로 들어옵니다. 이 단계에서는 구독자에게 상품의 리뷰 또는 제품 비교를 담은 메일을 발송하면 효과적입니다. 이어서 할인이나 스페셜 프로모션 등 직접 체감할 수 있는 혜택을 담아 메일을 발송하면 더 적극적인 세일즈 전환을 만들 수 있습니다. 경우에 따라, 이메일을 클릭했지만 상품은 구매하지 않은 구독자에게 더 높은 할인율을 리마인더 메시지로 보내면 더욱 효과적입니다.

이메일 퍼널 전환 최적화

1 구독자 페르소나 세그먼트화

전환율을 최적화하기 위해서는 받는 사람이 누구인지(이메일 수신자 정보), 무엇을 팔고자 하는지(상품/서비스의 구매주기 및 가격대)에 대한 내용이 우선 정리돼야만 합니다. 구독자는 크게 세 가지 특성으로 구분해 페르소나를 세그먼트화할 수 있습니다.

- 인구 통계학적 특성: 나이, 성별, 수입 및 교육 수준
- 라이프 스타일 특성: 고객이 선호하는 취미, 관심, 브랜드
- 행동적 특성: 신념과 가치 등 무형 특성

수집한 이메일 주소 리스트에 포함된 사람 중 표본 집단을 대상으로 포커스 그룹 인터뷰 FGI, Focus Group Interview를 진행한 뒤 퍼널 구조 흐름에 적용할 톤 앤 매너를 달리 해야 합니다. 예를 들어, 페르소나 집단이 할인이 필요 없다고 느끼는 경우에는 하드 셀 Hard Sell 접근보다 고객 만족도를 높이기 위한 고객 생애 가치를 높이는 것을 목표 삼는 방식입니다. 만일 판매 상품에 대한 이해도와 선호도가 이미 높은 페르소나 집단에는 상품 소개를 단순 전달하는 식보다는 상품을 리뷰하는 비디오처럼 실제 상품을 더 자세히 뜯어볼 수 있는 기회를 제공하는 전략을 취할 수 있습니다. 그뿐만 아니라 이메일 수신자 연령에 따라 이메일 본문 폰트 사이즈를 조정한다거나 지역이나 국가에 따라 사용하는 언어의 톤 앤 매너를 달리할 수 있습니다.

2 제품 구매주기에 맞춰 퍼널 설계하기

구매주기가 짧은 저가 제품과 구매주기가 긴 고가 제품의 이메일 퍼널 구조는 다를 수밖에 없습니다. 비교적 저렴한 샴푸와 값비싼 마사지기를 예로 들어보겠습니다. 샴푸의 액션은 첫 구매도 물론 중요하지만, 그 뒤로 샴푸를 다 써갈 시기에 맞춰 이메일을 보내 두 번째 구매부터의 CLTV_{Customer Lifetime value}(고객 생애 가치)를 높이는 것을 퍼널 구조의 최종 액션으로 볼 수 있습니다. 그에 비해 마사지기처럼 첫 구매 이후 두 번째 구매가 잘 일어나지 않는 상품의 경우 첫 구매에서의 관심도와 구매 욕구 자극에 좀 더 세밀한 퍼널 구조 설계가 필요합니다.

만약 상품이 병원 의료 기기처럼 마사지기보다 전문화된 영역의 고관여 상품이라면 어떨까요? 이때는 당연히 신뢰성 있는 정보 전달과 전문성 있는 톤 앤 매너에 집중해야 합니다. 제품 수명 주기, 가격, 일상 소비재인지 전문재인지, 이메일 수신자의 연령대, 이메일의 CTA_{Call to Action}, 캠페인 주기 등을 복합적으로 고려해야 합니다.

이메일 마케팅 툴 선택하기

이메일 마케팅을 시작하기로 결정했다면, 아마 가장 어려운 선택 중 하나는 수많은 이메일 마케팅 툴 중 어떤 것을 활용할지 결정하는 일일 것입니다. EMP들이 서로 비슷한 기능이 많기에 그 결정이 더욱 어려울 것입니다. EMP 선택에 고려해야 할 가장 중요한 점은 이메일 마케팅의 목적, 마케팅 툴의 기능과 가격입니다.

이메일 마케팅 목적 설정 및 툴 선정 방법

상품 세일즈가 주 목적인 이커머스 브랜드의 경우, 비주얼 에디터는 물론 구매자와 비구매자를 구분하는 기능 및 이메일 자동화 기능이 꼭 필요합니다. 반면 블로거라면 블로그 재방문을 목적으로 관심사를 태그하는 기능 및 여러 시퀀스를 쉽게 배치할 수 있는 에디터 기능이 필수입니다. 그러므로 이커머스 브랜드에는 메일침프나 스티비 같은 비주얼 에디터 기능이 강조된 EMP가 유리하며, 블로거에게는 액티브 캠페인, 컨버트킷처럼 시퀀스 설계에 유리한 EMP가 유리합니다.

EMP의 기능을 파악할 수 있는 가장 좋은 방법은 무료 버전 이메일 마케팅 툴을 동시에 여러 개 비교 사용해보는 것입니다. 개발자의 조력을 받을 수 있는 경우 차후 개발 확장성까지 고려하여 각 툴의 API 여부 또는 정보 접근 권한을 구분하는 스코프Scope를 체크하는 것이 좋습니다.

참고로 이메일 마케팅 툴 대부분은 매달 과금 방식을 채택하고 있습니다. 보통 구독자 수에 따라 과금액이 다르며 대략 1000명 기준으로 한 달에 1~3만 원 선입니다. 이미 쌓인 고객 데이터가 충분히 있다면 내 구독자 수 수준에서 한 달마다 지불해야 할 금액을 미리 계산해 볼 수 있습니다.

이메일 마케팅 툴 선택에서 비교해 볼 기능들

1 이메일 구독폼 생성 기능을 제공하는가

홈페이지 또는 랜딩 페이지에서 이메일 구독자를 모을 수 있는 이메일 구독폼을 생성합니다. 고급 기능을 활용하면 이메일 마케팅 툴과 SNS를 연동하여 이메일 주소를 획득해 자동 저장할 수도 있습니다. EMP에서 제공하는 구독폼 페이지가 아니어도 구글 폼과 타입 폼 같은 서베이 폼을 활용해 이메일 구독자를 모을 수도 있습니다. 생성한 구독폼은 팝업, 슬라이드, 임베드 등으로 홈페이지에서 구현하는 경우가 많습니다. 이때 구독폼의 디자인, 카피, 버튼 내용, 구독폼을 띄우는 타이밍 등을 A/B 테스트해 최적화된 전환율을 찾는 것이 중요합니다. 구독폼 기능에 관해서는 Chapter 3에서 더 자세히 다룹니다.

2 구독자 관리 메뉴에서 어떤 정보를 제공하는가

이메일 마케팅 툴에는 저장된 구독자 정보를 열람하는 메뉴가 제공됩니다. 이 메뉴에서는 EMP에서 데이터 이동을 통해 수집한 정보뿐 아니라 발송한 이메일의 오픈율, 클릭률, 이메일 주소 외의 필드값, 구독자 리스트, 태그 등을 자세히 파악할 수 있습니다. 마치 간단한 CRM 솔루션처럼 활용할 수 있습니다. 구독자 리스트와 태그는 구독자들을 어떤 방식으로 구분해 어떤 내용의 이메일을 보낼지 결정하는 중요 기준이 되므로 더욱 신경 써야 하는 부분입니다.

3 템플릿을 제공하는가

디자인은 브랜드 이미지를 전달하는 기초 자산입니다. 템플릿은 이메일 본문의 텍스트와 이미지를 시각화해줍니다. EMP마다 어느 정도 차이는 있지만 대체로 드래그 앤 드롭 또는 HTML/CSS 코드 삽입을 통해 템플릿을 활용할 수 있습니다. 템플릿 자료를 참고할 만한 사이트로 Reallygoodemails.com을 추천합니다.

> **TIP 템플릿을 활용한 이메일 콘텐츠 작성 팁**
> - 템플릿을 활용할 때도 모바일 최적화는 필수입니다. 구독자의 50% 정도가 이메일을 모바일로 확인합니다. 템플릿을 제작할 때 모바일 최적화를 반드시 해야 합니다.

- 대개 비주얼 효과 위주의 이미지보다 텍스트 위주의 이미지가 전달력 및 퍼포먼스 측면에서 더 나은 결과를 보입니다. 프로모션 이메일을 보낼 경우, 헤드 카피, 한장의 이미지 그리고 버튼의 형태의 역삼각형 구조로 레이아웃을 구성해 버튼을 돋보이게 하여 클릭을 유도합니다.
- 구독 취소 버튼 또는 링크를 필수로 삽입해야 합니다. 버튼/링크의 위치는 이메일 맨 하단이 구독 취소를 줄이는 데 유리합니다. 구독자가 메일 안에서 맨 아래까지 스크롤을 내릴 가능성이 가장 낮기 때문입니다.

4 메일 작성 및 발송 탭은 어떤 구성인가

템플릿, 이메일 수신자, 발송 이메일 내용, 발신자 이름을 설정할 수 있습니다. 모바일 유저에게 특히 중요한 미리보기 텍스트도 여기서 설정합니다(미리보기 텍스트를 별도로 설정하지 않은 경우에는 콘텐츠의 첫 15~20글자가 메일을 클릭하기 전 해당 메일 항목 칸에 노출됩니다).

구독자 이메일을 수집할 때 함께 수집한 정보를 이메일 안에 필드 값으로 삽입해 개인화 메일을 작성할 수도 있습니다. 메일 발송 전 테스트 메일을 보내 구독자에게 실제로 어떻게 보이는지 확인하는 기능도 제공합니다.

메일침프는 IP 넘버를 활용해 시차를 고려하여 각 지역의 특정 시각에 메일을 보낼 수 있는 타임워프Timewarp 기능을 제공해 오픈율을 높여줍니다. 컨버트킷은 이메일 발송 후에도 메일 내 링크를 수정할 수 있는 기능을 제공합니다.

오류를 줄이는 이메일 발송 테스트

- 이메일 제목은 무조건 A/B 테스트해야 합니다. 같은 콘텐츠도 제목에 따라 오픈율이 제각기입니다.
- 테스트 이메일은 최소 3번 이상 보내십시오. 데스크탑, 모바일 버전에서 어떻게 다르게 보이는지, 링크는 정상 작동하는지, 메일을 수신하는 브라우저마다 에러가 발생하지는 않는지 여부는 반드시 확인해야 합니다.

5 자동화 이메일 탭

구독 감사 이메일부터 시작해 모든 단계마다 구독자가 만드는 트리거에 따라 자동으로 발송하는 메일입니다. 자동화 이메일의 경우 메일 발송 간격, 발송 요일, 이전 메일 오픈 여부에 따른 다음 메일 발송 여부, 구독자 정보에 따른 특정 구독자 포함/배제 여부 등을 조정해야 합니다.

이메일 오픈율을 높이는 최적화 팁

- 이메일 발송 간격을 최적화하세요. 구독자 데이터마다, 콘텐츠의 성격에 따라 오픈율이 좋은 요일과 시간은 모두 다릅니다. 여러분의 이메일 발송 요일을 모든 요일에 나가도록 랜덤하게 세팅하고 최적화를 거치십시오.
- 이메일 제목을 바꿔가며 오픈율을 최적화하세요. 자동화 이메일을 론칭했다면 발송 후 이메일 오픈율을 분석하며 시리즈 순서, 콘텐츠 내용 최적화까지 시도해볼 수 있습니다.

6 데이터 리포트 기능을 제공하는가

이메일 마케팅의 강점 중 하나는 모든 데이터를 쉽고 자세하게 확인할 수 있다는 점입니다. 이메일 마케팅 툴을 활용해 얻을 수 있는 데이터는 다음과 같습니다.

- 이메일 전달 여부 및 전달률
- 이메일 수신자 및 이메일 전달률
- 이메일 오픈한 사람들과 인원 수 및 오픈율
- 이메일 클릭한 사람 수 및 클릭률
- 이메일 구독 취소한 사람들과 인원 수 및 구독취소율
- 각각의 이메일 구독자별 오픈 시간, 각각의 링크 클릭 여부

대표 EMP를 소개합니다

• • •

앞으로 소개할 EMP 사용법은 스티비와 컨버트킷을 기반으로 설명할 예정입니다. 그러나 그밖에도 기본적 기능은 잘 갖추고 있으면서도 조금씩 다른 특징을 가진 EMP들이 있습니다. 각자의 이메일 마케팅에 가장 적합한 EMP를 골라 활용하시기 바랍니다.

액티브캠페인(ActiveCampaign) www.activecampaign.com

액티브캠페인은 구독자 기반의 가장 오래된 EMP 중 하나입니다. 액티브캠페인을 사용하면 이메일 마케팅 프로세스를 단순화해 효율적으로 실행할 수 있습니다. 구독자의 이메일 오픈, 클릭등의 행동에 기반한 자동 발송이 가능하며, 리스트에 등록된 구독자들에게 캠페인 이메일을 보내거나 대량으로 메일링이 필요한 경우 액티브캠페인을 활용하면 좋습니다.

- 주요 기능: 시퀀스 이메일, 드래그 앤 드롭 이메일 빌더, 대상 그룹별로 구독자 리스트에 맞춰 타깃 이메일 보내기, 구독자 행동에 기반한 트리거 이메일 보내기, 쇼피파이, 페이팔 등과 통합

에이웨버(AWeber) www.aweber.com

대량 템플릿을 제공하는 EMP로 이커머스 사이트와 통합을 통한 자동화에 강점을 가진 툴입니다. 특히 레이아웃, 테마, 색상 등 이메일을 커스텀하기가 쉽습니다. 다른 EMP에 비해 뛰어난 리포트 기능을 제공하기 때문에 클릭 및 오픈율을

향상에 유용합니다. 세일즈포스, 워드프레스, 구글 애널리틱스와 같은 툴과 쉽게 통합해 사용할 수 있습니다.

- 주요 기능: 자동으로 이메일 보내기 예약, 대상 그룹별로 구독자 리스트에 맞춰 타깃 이메일 보내기, 태그를 통한 구독자 분류, 캠페인 분석 기능, 다양한 앱과 통합

캠페이너(Campaigner) www.campaigner.com
캠페인 빌더 Campaign Builder 기능과 마케팅 자동화에 최적화된 툴입니다. 화면 사이즈에 최적화된 이메일을 작성 도움을 위한 다양한 기능을 제공합니다. 반응형 이메일을 만들 수 있는 HTML 편집기 기능과 다양한 개인화 옵션을 통해 강력한 개인화 이메일 캠페인을 할 수 있습니다.

- 주요 기능: 워크플로우 자동화, 전환 추적, HTML 편집기, A/B 테스트

컨스턴트 컨택트(Constant Contact) www.constantcontact.com
가장 오래된 EMP 중 하나로 수백 가지 템플릿과 강력한 에디터와 통합 기능을 가진 EMP입니다. 사용자 친화적인 마케팅 플랫폼으로, 이메일 마케팅 프로세스를 처음부터 끝까지 자동화하고 효율화할 수 있는 다양한 도구를 제공합니다. 특히 이커머스에서 쉽게 사용할 수 있는 템플릿을 제공하는 이메일 빌더와 A/B 테스트, 자동화된 구독자 타기팅을 통해 전환율 최적화를 위해 사용할 수 있는 툴입니다.

- 주요 기능: 드래그 앤 드롭 이메일 빌더, A/B 테스트, 드립 캠페인 생성, 실시간 분석 보고, 다양한 앱들과의 강력한 통합 기능

컨버트킷(Convertkit) www.convertkit.com
태그를 통한 구독자 기반 EMP로, 사용이 쉽고 강력한 자동화와 A/B 테스트, 자동화 캔버스, 랜딩 페이지 등을 제공하는 EMP로서 특히 크리에이터가 많이 사용하는 툴로서 유명합니다. 텍스트 기반의 이메일 마케팅에 최적화된 솔루션으

로서 태그 및 세그먼트를 쉽게 만들 수 있고 구독자의 추가 정보들을 쉽게 업데이트 할 수 있습니다.

- 주요 기능: 랜딩 페이지 제공, A/B 테스트, 태그, 세그먼트에 따른 자동화, 재피어와 강력한 통합 기능, 디지털 상품 판매를 위한 기능 제공

드립(Drip) www.drip.com
이름에서 알 수 있듯 드립 캠페인(시퀀스 이메일)에 큰 강점을 가진 EMP입니다. 자동화에 특화된 EMP로서 이커머스를 하는 유저가 많은 툴로 유명합니다. 여타 EMP에 비해 뛰어난 UI, UX를 제공하며 이메일과 함께 SMS 전송을 쉽게 할 수 있는 툴입니다. 드립은 또한 잠재고객을 유치할 수 있는 폼 등을 제공하고 있어 구독자를 늘리기 쉬운 툴이기도 합니다.

- 주요 기능: 다양한 맞춤형 템플릿, 구독자 목록 관리 및 세분화 기능, 이메일 및 SMS 마케팅 캠페인 자동화

겟리스폰스(GetResponse) www.getresponse.com
구독자 필드를 커스텀 할 수 있으며 리포트 데이터 차트 시각화 자료를 제공하는 EMP입니다. 겟리스폰스는 사용자가 행동유도를 위한 이메일을 보다 쉽게 디자인할 수 있고, 구독자의 참여를 높이는 데 도움을 줍니다.

- 주요 기능: A/B 테스트, 태그, 세그먼트 등에 따른 자동화, 다양한 툴들과의 통합, 행동 기반의 트리거를 통한 자동 이메일 발송

킵(Keap) www.keap.com
인퓨전소프트Infusionsoft의 새로운 이름입니다. 캔버스의 형태로 제공되는 자동 시각화 기능과 CRM 영역까지 커버하는 EMP입니다. CRM 및 영업 및 마케팅 자동화에 최적화된 툴로서, 복잡도는 다소 높습니다.

- 주요 기능: 고객의 행동에 따른 자동화 이메일, 재구매 촉진을 위한 자동화, B2B 기능 및 송장, 예약, SMS 메시지

리트머스(Litmus) www.litmus.com

이메일의 포워딩, 프린트 횟수, 이메일 삭제, 이메일을 읽기에 소요된 시간 등과 같은 정보를 제공합니다. 디바이스별 최적화 등에 장점을 가진 EMP입니다. 세일즈포스의 마케팅 클라우드에서 빌트인으로 연결이 가능할 정도로 인정받은 솔루션이며, AI 기반 콘텐츠 추천도 가능합니다.

- 주요 기능: 각 이메일 클라이언트의 미리보기 기능, 어드밴스 리포트, 이메일 최적화

메일침프(MailChimp) www.mailchimp.com

가장 널리 사용되고 있는 EMP 중 하나로 쉬운 UI, UX를 바탕으로 많은 서드파티 앱과의 통합 호환성을 가진 EMP입니다. 마케터가 아닌 사람들도 쉽게 사용할 수 있습니다.

- 주요 기능: 고객 세그먼테이션, 소셜 미디어 연동, 사동화 이메일 및 여러 App들과의 통합, 높은 고객 데이터 보안

메일젯(Mailjet) www.mailjet.com

강력한 협업 기능을 가진 EMP로서, 다양한 템플릿과 디자인 도구를 활용하여 이메일을 맞춤화하고, 자동화 기능으로 고객 참여도를 높일 수 있는 툴입니다.

- 주요 기능: 다양한 이메일 템플릿과 빌더 제공, 자동화된 이메일 캠페인 전송, 그룹별 맞춤형 이메일 보내기, 앱 및 웹서비스와 연동 가능한 API 통합

옴니센드(Omnisend) www.omnisend.com

멀티채널 이메일 마케팅 자동화 플랫폼으로, 고객 참여를 높이고 이커머스에 적합한 솔루션으로 자동화에 특화되었습니다. SMS, 페이스북 메신저, 왓츠앱 등과 통합되어 오프사이트 마케팅 자동화가 가능하며, 캠페인 성과를 실시간으로 추적할 수 있습니다.

- 주요 기능: 멀티채널 자동화, 고객 세그멘테이션, 이커머스 전용 기능 제공,

실시간 캠페인 성과 및 수익 추적

스티비(Stibee) www.stibee.com
한국의 대표적인 EMP입니다. 초보자도 쉽게 활용할 수 있는 템플릿을 제공하며 정기적으로 이메일 마케팅 리포트를 발행하는 등 실사용자들을 위한 고급 정보를 공유합니다.

- 주요 기능: 개인화된 콘텐츠, 자동화 및 스마트 스케줄링, A/B 테스트, 구독자 세그멘테이션

Chapter 3

이메일 구독자 리스트 확장하기

구독폼 제작하기

이메일 구독자 리스트를 늘리는 가장 효과적인 방법은 소셜 미디어 광고와 콘텐츠 마케팅 그리고 SEO입니다. 소셜 미디어 광고와 검색 엔진 상위 노출을 통해 잠재 고객을 홈페이지에 랜딩시키고 구독폼을 노출시켜 구독을 유인하는 전략을 취합니다. 기본적으로 다음 5가지 방법을 활용합니다. 이어지는 내용을 따라 구독폼 제작, 구독폼 세부 내용 설계, 구독자 수 늘리기 전략까지 파악해보겠습니다.

- 홈페이지 랜딩 페이지와 관계 있는 구독폼 노출하기
- 구독에 가장 효과적인 폼 제작하기
- 타기팅된 홈페이지 방문자를 위한 구독폼 노출 전략 세우기
- 혜택 제공으로 구독 유도하기
- 구독폼의 퍼포먼스를 측정하고 지속적으로 최적화하기

구독폼을 통한 전환 공식

콘텐츠 마케팅과 SEO를 작업한 홈페이지라면 블로그 포스팅 주제에 맞게 각기 다른 텍스트로 구독폼을 만들어 이메일 구독 전환율을 높일 수 있습니다. 잠재 구독자에게 '구독이 나에게 도움을 준다'는 느낌을 받게 만드는 것입니다.

재피어를 예로 들어보겠습니다. 구글에서 "재피어"를 검색했을 때 최상단 검색 결과를 클릭하면 재피어에 관한 블로그 포스팅으로 랜딩됩니다. 랜딩 페이지에 접속하면 다음 이미지처럼 재피어 이메일 구독폼이 모달로 뜹니다.

블로그 방문자가 포스트를 읽는 동안 모달이 뜨며 "재피어"를 검색한 의도에 맞춘 뉴스레터가 전달되도록 자동화 이메일로 연결합니다.

참고로 재피어의 경우는 구독을 시작하면 총 8개의 자동화 이메일이 순차적으로 발송되도록 설계되어 있습니다. 블로그 콘텐츠와 구독 창의 텍스트를 연계해 읽고 구독을 시작한 경우가 일반 구독폼으로 구독한 사람들에 비해 당연히 오픈율과 클릭률이 높을 수밖에 없습니다.

구독 유도 카피 역시 의례적인 카피보다는 구체적인 혜택을 노출하는 카피, 호기심을 유발하는 카피를 넣어야 합니다.

반면 검색엔진을 통해서가 아닌 직접 홈페이지에 들어오는 경우, 어떤 관심사를 가진 방문자인지 알 수 없습니다. 그러므로 이메일을 읽지 않는 100명의 구독자보다 10명의 충성도 높은 구독자를 원한다면, 홈페이지에 1분 이상 머무른 사람 또는 콘텐츠 3개 이상을 클릭한 사람 등 특정 조건을 매겨 구독폼이 뜨도록 설계합니다.

구독폼의 형태

대부분의 EMP가 구독폼을 제작할 수 있는 에디터와 템플릿을 제공합니다. 가장 많이 사용되는 구독폼의 종류는 다음과 같습니다.

모달 Modal

오버레이 팝업 Overlay Pop up 이라고도 불리는 형태입니다. 스크롤 다운율, 체류 시간, 특정 페이지 이탈 등 조건에 따라, 별도의 창이 열리는 것이 아닌 랜딩 페이지 내 팝업 형태로 구독폼이 뜨게 할 수 있습니다.

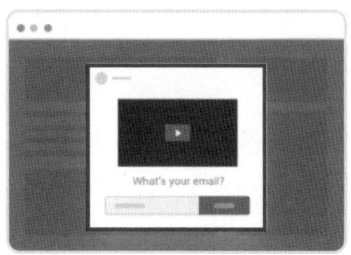

모달

슬라이드 인 Slide In

후크Hook라고도 불립니다. 데스크톱 버전 화면에서 보통 한쪽 하단에 채팅 폼 형태로 노출됩니다.

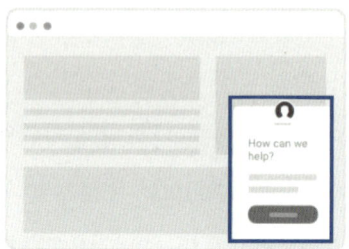

슬라이드 인

인라인 Inline

임베드 형식의 페이지에 직접 폼을 삽입하는 구독폼입니다. 컨택트 페이지, 푸터, 블로그 하단 등 콘텐츠 내부에 직접 구독폼이 노출됩니다.

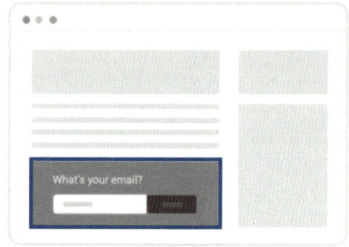

인라인

스티키 바 Sticky Bar

플로팅 바라고도 불립니다. 스크린의 맨 위 또는 맨 하단에 노출되며 스크롤에 따라 붙어다니는 형태입니다.

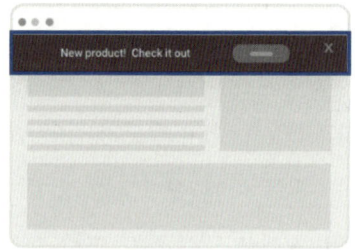

스티키 바

참고로 모바일에서, 구독폼이 콘텐츠를 가리면 구글은 이를 SEO 감점 요소로 인식한다고 알려져 있습니다. SEO에 많은 트래픽을 의존

하는 경우라면 특히 콘텐츠를 가리지 않는 인라인 형식의 구독폼이 좋은 선택이 될 것입니다. EMP에서 제공하는 구독폼 이상의 기능이 필요한 경우, 다음과 같은 별도의 팝업 빌더 도구를 활용하십시오.

구독폼 생성 팁

이메일 주소를 수집할 때 이름까지 수집하기
이름을 활용해 개인화된 메일을 발송하면 오픈율이 높아집니다.

개인 이메일보다 회사 이메일 주소 수집하기
이메일 구독폼에 @naver.com, @gmail.com과 같은 포털 이메일 주소는 받지 않게 세팅함으로써 회사 이메일 주소를 얻을 수 있습니다. 회사 이메일은 오픈 시간이 보통 오전 9시에서 오후 7시 사이로 한정되기 때문에 의도한 발송 시각에 따라 오픈율을 높일 수 있으며, 직군에 따라 구독자 페르소나를 설정하는 데도 도움받을 수 있습니다.

블로그를 운영하는 경우, 포스트 하단에 임베드로 구독폼 넣기
SEO를 통해 블로그에 방문해 구독자가 된 경우, 포털 검색을 통한 구독자보다 높은 관심도를 가지고 있기 때문에 차후 로열티가 높은 구독자가 될 가능성이 더 높습니다.

싱글 옵트인과 더블 옵트인을 구별해 활용하기
구독자 리스트에 수록되는 방법에는 싱글 옵트인 Single Opt-in과 더블 옵트인Double Opt-in 방식이 있습니다. 싱글 옵트인은 구독자가 구독폼에 이메일만 입력해도 구독자 리스트에 수록이 되는 방식이고, 더블 옵트인은 이메일 구독 확인 메일이 나간 뒤 그 메일에서 구독자가 [확인] 버튼을 클릭해야 구독자 리스트에 수록되는 방식입니다.

더블 옵트인은 싱글 옵트인에 비해 구독자 전환율은 낮지만 충성도 높은 구독자가 비교적 많이 모입니다. 구독자 수를 빠르게 늘리느냐, 충성도 높은 구독자를 많이 확보하느냐 중 어디에 집중할지에 따라 결정하면 됩니다.

캠페인을 진행할 경우, 랜딩 페이지에서 구독자 늘리기
시의성 있는 소셜 미디어 캠페인을 통해 구독자 이메일 주소를 수집하면, 단순히 홈페이지 구독폼 노출로 이메일을 수집한 것보다 구독자 전환율이 훨씬 높게 나타납니다. 소셜 미디어 캠페인에 참여한 고객이 단순 접속 고객에 비해 관심도와 참여도가 높은 잠재고객일 가능성이 높기 때문입니다.

구독 전환율을 높이는
효과적인 구독폼 설계하기

구독 전환율을 높이기 위한 효과적인 구독폼 설계 방법에 대해 알아보겠습니다. 구독 전환율은 판매 상품 또는 서비스의 성격, 홈페이지의 목적에 따라 차이가 있겠지만 보통 구독 전환율 5% 이상이면 좋은 결과라고 판단합니다. 구독폼에서 가장 중요한 요소인 헤드 카피, 바디 텍스트, 이미지, 버튼과 구독을 위한 필드를 하나씩 자세히 살펴보겠습니다.

헤드 카피와 바디 텍스트

WIFM What's in it for me? (나를 위한 무엇이 들어있나?) 전략을 통해 실제 구독을 하고자 하는 사람이 고개를 끄덕일 수 있는 카피가 필요합니다. 각각의 요소들을 나열하면 다음과 같습니다. 다음의 팁에서 설명하는 요소에서 두 개 이상의 패턴을 결합해 카피를 구성해보십시오. 그리고 똑같은 이미지와 똑같은 색깔의 버튼으로 두 차례 이상의 A/B 테스트를 진행해 어떤 카피가 구독률이 더 높은지 확인하며 최적화하시면 됩니다.

> **TIP** 구독자의 관심을 끄는 헤드 카피와 바디 텍스트 작성 팁
>
> **베네핏**
> 구독자가 얻을 수 있는 혜택을 강조합니다.
> "이메일을 통해 주식 시장 승리법 5가지 PDF 바로 다운로드 받으세요!"
> "이메일을 남겨주시면, 이커머스에서 전환율 공략법 웨비나 초청 메일을 보내드리겠습니다!"
>
> **호기심 자극**
> 호기심 자극은 구독하고자 하는 사람들이 갖고 있을 법한 호기심을 이용하여 구독을 유인합니다.
> "스티브 잡스가 죽기 전 이루지 못했던 단 한 가지 소원을 공유드립니다!"
> "이렇게만 하면 전환율 10% 나옵니다! 이메일만 남겨주세요"
>
> **네거티브**
> 네거티브는 부정적 단어에 더 관심을 보여주는 사람들의 심리를 이용한 패턴입니다.
> "연예인 A씨와 B씨가 이혼한 진짜 이유가 궁금하지 않으세요? 그 비밀을 공개합니다"
> "Amazon에서 가장 안 팔리는 아이템은 무엇인지 궁금하신 분은 이메일 주소를 남겨주세요"

질문

질문은 대표적인 상호작용형 · 참여유도형 패턴입니다.

ex "2020년 가장 많이 검색된 검색어가 무엇인지 궁금하시지 않으세요? 2020년 Top 100 검색어와 그 이유를 이메일로 전달드립니다"

"왜 아직도 이메일 마케팅을 안 하고 계시죠? 이메일로 그 놀라움을 전달드립니다."

팩트 전달

팩트를 전달하는 것은 신뢰성을 만드는 중요한 요소가 됩니다.

ex "35초에 1개씩 팔리고 있는 아이템, 이메일 구독하면 15% 쿠폰을 보내드려요!"

"이미 37,091명이 구독하고 있는 SaaS 전문 뉴스레터, 이메일을 남겨주시면 매주 월요일 아침 9시 30분에 여러분의 인박스에 꽂아드립니다"

희소성

희소성은 특히 이커머스에 많이 활용되고 있는 패턴으로 수량의 부족함으로 구독을 빠르게 전환할 수 있습니다.

ex "재피어 웨비나 얼리버드 티켓 이제 5장밖에 안 남았어요, 지금 바로 이메일 남겨주시고 부킹하세요!"

"베타 서비스 참여자 선착순 99명에게만 1년 사용권을 전달드립니다. 바로 이메일 주소 DROP!"

긴급함

긴급함 역시 희소성과 같이 이커머스에 특히 많이 사용되는 패턴으로 특히 기간 한정 형태로 많이 사용됩니다.

> ex "오늘밤 11:59분까지만 드립니다. 이메일 즉시 구독 요망!"
> "12월 31일까지만 전달 가능한 마지막 쿠폰 31% OFF, 이메일 구독자들에게만 전달드립니다"

대세

대세는 현재 다른 사람들의 경향을 통한 뒤처지면 안 될 것 같은 심리 FOMO, Fear of Missing Out를 이용하는 패턴입니다.

> ex "서울 용산구 56,712명이 구매했다는 핫 아이템, 이메일 구독시 첫 구매 20% 할인"
> "지난 30일간 가장 많이 팔린 아이템을 이메일 구독시 10,000원 할인 쿠폰 즉시 증정"
> "4,582명의 후기를 통해 평점 4.6을 기록한 아이템 드디어 재입고"

해결책 제시

해결책 제시 패턴은 구독자가 궁금해할 만한 내용에 대한 대답을 얻을 수 있는 기대를 통한 패턴입니다.

> ex "주식 투자 해보신 적 없으시다고요? 이메일을 통해 주식에 대해 알아야 할 10가지 공유드립니다"
> "여행갈 때 항상 스케줄 짜기 힘들었던 여러분께 스케줄 템플릿을 무료로 전달드립니다. 이메일을 남겨주세요. 바로 전달드려요!"

이미지

모달, 슬라이드 인, 인라인, 스티키 바 중 사용될 구독폼 양식에 따라 이미지의 사이즈를 결정합니다. 방문자의 체류시간이 길지 않거나 이탈률이 높은 사이트에서는 팝업에 들어갈 이미지를 움직이는 GIF 형태로 만들어 눈을 사로잡을 수 있다면 전환율을 높이는 데 도움이 될 수 있습니다.

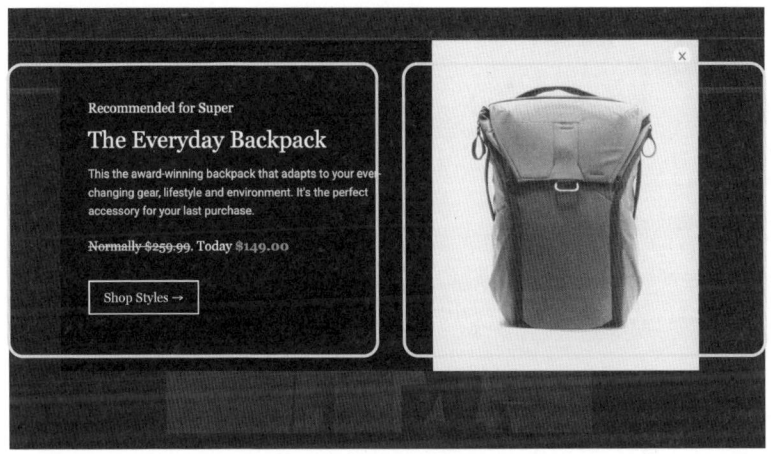

웹사이트 상에서 이미지가 움직이면 독자의 시선을 붙들 수 있습니다.

버튼 색상

버튼 색에 따라 전환율이 달라집니다. 브랜드 대표 컬러를 활용한 경우를 제외하고 가장 많이 활용되는 색은 파랑과 빨강입니다. 스티비의 유저(발송자)가 이메일 콘텐츠 내 사용한 버튼의 색깔을 분석한 결과에서도 배경이 어두운 경우에 쓴 흰색을 제외하고는 파랑과 빨강을 많이 사용했다고 보고되었습니다.

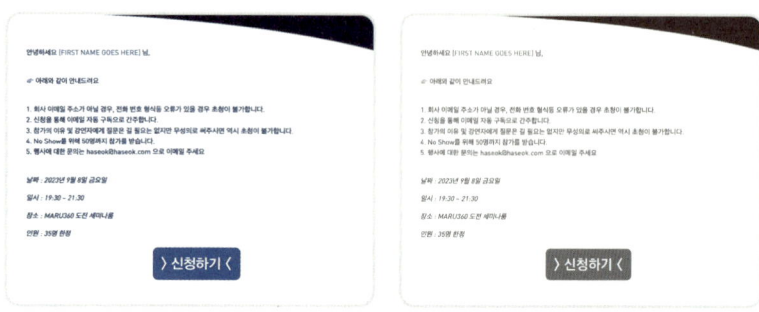

버튼 색은 파랑이나 빨강을 사용하는 것이 가장 좋습니다.

물론 개별 콘텐츠에서 최적화된 구독 버튼 색깔을 찾기 위해서는 같은 텍스트와 이미지를 조건으로 A/B 테스트를 진행, 해당 링크 클릭률을 비교해보아야 합니다.

두 개 이상의 구독폼 활용하기

구독률을 높이기 위해 두 개 이상의 구독폼을 이용하는 방법을 추천드립니다. 예를 들어 구글, 네이버 검색엔진에서 블로그를 통해 홈페이지에 방문한 경우 모달 형태의 구독폼으로 블로그 포스팅과 관련된 카피와 함께 구독을 유인합니다.

여기서 구독을 하지 않고 이탈, 즉 [X] 버튼을 누를 경우에는 그 다음 스텝으로 1분 머무르거나 2페이지 이상 본다면 슬라이드인을 통한 구독폼으로 더 큰 베네핏을 주거나 대세감을 강조하여 구독을 이끌 수 있습니다. 이와 같이 시리즈화 된 구독폼을 이용할 경우 방문 유저당 구독 전환율을 올릴 수 있습니다.

예를 들어 스니커즈 전문 이커머스 숍에서의 이메일 구독 시퀀스를 다음과 같이 전개 가능합니다. 첫 번째 팝업은 이벤트 페이지의 팝업으로 "이메일 구독시 5% 할인 쿠폰 증정"이라는 메시지를 띄웁니다. 첫 번째 구독폼에서 구독하지 않은 구독자가 다른 상품들을 보기 위해 1분 또는 2페이지 이상을 움직인 경우에만 두 번째 팝업을 슬라이드 인 형태로 보여주며 "현재까지 3456명이 이메일 구독 후 5% 할인 쿠폰을 받아가셨어요"라는 메시지를 보여줍니다. 여기서도 구독을 하지 않는 사람들이 두 번째 구독폼을 본 뒤 특정 아이템 페이지에 랜딩 후 스크롤을 70%까지 내린 경우에는 스티키 바를 이용하여 "지금 구독하시면 6% 할인+무료 배송"과 같은 메시지로 구독자를 잡을 수 있게 합니다. 첫 번째, 두 번째, 세 번째 구독폼에서 구독한 각각의 구독자를 EMP에서 태그로 구분하여 각기 다른 메시지를 전달할 수도 있습니다.

구독자를 늘릴 수 있는
또 다른 방법

효과적인 구독폼 설계 방법 외에도 구독자를 늘릴 수 있는 방법이 있습니다. 오프라인 행사와 결합하거나 구독 선택지를 늘리는 방법입니다. 오프라인 공간이 있다면 고객 또는 잠재 고객에게 프로모션 혜택을 주는 구독폼 QR코드 등을 제공해 구독자를 늘릴 수 있고, 고객이 자기에게 더 필요한 내용의 뉴스레터를 받아 볼 수 있도록 선택지를 늘려 구독 가능성을 높일 수 있습니다. 스타벅스와 버즈피드의 사례를 들어 자세한 내용을 살펴보겠습니다.

오프라인 매장 방문객 대상 캠페인 진행하기

스타벅스 사례

스타벅스의 사례를 예로 들어보겠습니다. 스타벅스를 찾은 사람들에게 이메일 주소를 남기면 무료로 와이파이를 제공하는 캠페인을 총

2만 8000개의 매장에서 진행했습니다. 캠페인 기간 동안 방문한 7500만 명 중 1500만 명은 이미 스타벅스 리워드 프로그램에 가입된 사람이었지만, 나머지 6000만 명의 이메일 주소를 새로 수집할 수 있었습니다. 이메일 주소를 입력한 고객들에게는 해피 아워 프로모션 캠페인을 진행했습니다.

이후 이메일 주소를 통해 개인화된 이메일 마케팅으로 모바일앱 다운로드 촉진 이메일 캠페인을 진행했습니다. 그 결과 2017년 4/4분기의 세일즈 중 모바일 앱을 통한 세일즈가 11%를 차지하며 큰 성공을 거두게 됩니다.

QR코드 활용하기

오프라인에서 구독률 증대를 위한 가장 쉬운 툴은 QR코드입니다. 프랜차이즈 레스토랑을 예시로 들어보겠습니다. 음식이 서빙되는 테이블 매트에 프로모션 홍보 이미지와 QR코드가 함께 인쇄된 경우가 있습니다. 홍보 이미지에서는 고객이 주문할 만한 메뉴를 특가에 할인하는 행사를 소개하고 QR코드로 접속해 회원가입하면 할인 혜택을 받을 수 있다는 메시지를 줍니다. 회원가입 단계에서 수집한 이메일 주소로 고객에게 추후에도 신제품 출시 및 이벤트와 관련된 메일을 보내 재방문율을 높일 수 있습니다.

QR 코드 제너레이터 www.the-qrcode-generator.com
이 QR 코드를 스캔해보세요! 독자분들을 위한 서프라이즈가
기다리고 있습니다!

뉴스레터를 주제별로 노출하는 메뉴 만들기

뉴스 미디어 사이트인 버즈피드BuzzFeed는 이메일 뉴스레터를 관심사에 맞게 구독할 수 있는 메뉴를 만들어 구독자를 늘리고 있습니다. 주제별 구독 선택지가 있는 경우가 한 가지 구독폼이 있는 것보다 구독률이 높습니다. 자동화된 이메일을 여럿 구상하거나 콘텐츠를 다량으로 발행하는 크리에이터라면 별도의 메뉴를 만들어 그 주제에 맞는 콘텐츠를 전달할 수 있으므로 독자 세그먼트에도 유리합니다.

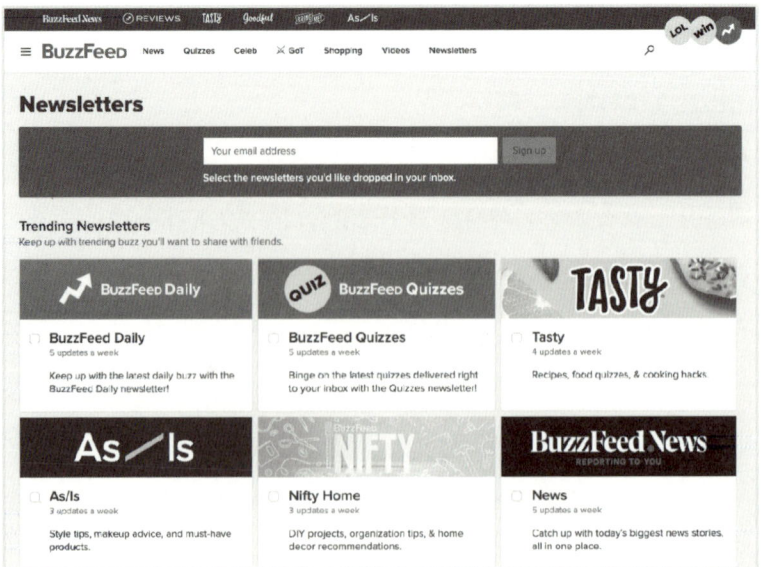

구독폼 빌더를 소개합니다

• • • •

OptinMonster www.optinmonster.com
캠페인 설정과 캠페인의 유형에 따라 바로 쓸 수 있는 수많은 템플릿을 제공하고 있습니다. 특히 워드프레스와 통합시 사이트에 머문 시간 및 스크롤 길이 및 방문의 빈번도에 따라 팝업을 설정할 수 있습니다. 여러 가지 팁을 얻을 수 있는 사용자 커뮤니티가 활발하다는 점도 큰 장점입니다.

Sumo www.sumo.com
전환율을 높이기 위한 템플릿을 다량 제공합니다. 특히 홈페이지의 특정 페이지에 도달할 경우 이메일을 넣어야만 페이지로 진입을 할 수 있는 웰컴 맷 Welcome Mat 기능은 구독 전환에 큰 도움이 되는 것으로 알려져 있습니다.

Unbounce www.unbounce.com
한국에서 잘 알려진 랜딩 페이지 빌더이자 다양한 형태의 구독폼을 가진 언바운스는 여러 서드파티와의 통합도 쉽게 할 수 있습니다.

Privy www.privy.com
이커머스에서 사용할 수 있는 여러 템플릿을 제공하는 구독폼 전문 회사로 쇼피파이에서 큰 인기가 있는 툴입니다. 특히 깔끔한 UX, 그리고 구독자에게 재미 요소가 있는 구독폼이 다양하게 존재합니다.

Optimonk www.optimonk.com

위의 Privy와 유사한 서비스로 이커머스에 특화된 이벤트성 구독폼을 다양하게 템플릿으로 제공합니다. Privy에 비해서 개발자들이 활용하기 쉬운 폼 빌더입니다. 구독 전환율 데이터도 제공합니다.

ConvertFlow www.convertflow.com

소개하는 빌더 중 가장 많은 기능을 가진 툴로서 랜딩 페이지, 서베이 폼, 구독 폼 뿐만 아니라 온 사이트 리타기팅을 위한 애플리케이션 통합이 가능합니다. 특히 이메일 마케팅 툴과 통합시 태그, 세그먼트를 통해 특정한 사람들이 방문했을 경우 팝업 및 메시지를 사이트에서 전달하도록 설계할 수 있습니다.

Chapter 4

브로드캐스트 이메일 작성부터 발송까지

이메일의 종류 결정하기: 브로드캐스트 이메일과 자동화 이메일

이메일 마케팅에 활용하는 이메일에 종류에는 크게 브로드캐스트 이메일과 자동화 이메일이 있습니다. 두 가지 메일의 특성을 파악해 각 상황과 흐름에 맞는 종류의 메일로 이메일 퍼널 구조를 설계하고 활용해야 합니다. 각 이메일의 특징을 우선 알아보겠습니다.

브로드캐스트 이메일

브로드캐스트 이메일은 지금 써서 바로(또는 예약한 시간에) 발송하는 즉시 발송 이메일입니다. 그러므로 이메일을 받을 구독자 이메일 주소를 확보한 경우에 보낼 수 있습니다. 브로드캐스트 메일은 시의성 있는 캠페인 이메일, 또는 뉴스성 이메일에 주로 활용합니다. 뉴스레터 서비스, 각종 이커머스의 광고성 캠페인 메일 등이 여기에 속합니다.

자동화 이메일

자동화 이메일은 미리 써놓은 이메일을 준비해 놓고 구독자의 구독 또는 특정 액션을 트리거로 발송되는 이메일을 말합니다. 시퀀스 이메일이라고도 부릅니다. 미리 설정해놓은 특정 액션에 따라, 혹은 지정해둔 발송 순서(시퀀스)에 따라 이메일을 구독한 후 순차적으로 발송이 시작됩니다. 주로 브랜딩을 위한 참여형 메일, 캠페인을 위한 서포트 메일에 활용합니다. 이커머스 사이트에서 회원가입하면 보내는 인사 메일, 소프트웨어 무료 버전 사용을 시작하면 보내는 튜토리얼 및 안내 메일, 퍼스널 브랜딩 이메일 등이 자동화 이메일의 사례입니다.

	즉시 발송 (Broadcasting)	자동 발송 (Sequence)
발송 방법	지금 써서 바로(또는 예약하여) 발송	미리 써놓은 이메일이 구독자의 구독 또는 액션 기반으로 이메일 발송
조건	이미 보낼 이메일 주소들이 존재	구독 후 메일 발송 시작
목적	시의성이 있는 캠페인 이메일 또는 뉴스성 이메일	브랜딩을 위한 참여, 캠페인을 위한 서포트
케이스	뉴스레터 서비스, 각종 이커머스의 광고성 캠페인 이메일 등	이커머스 사이트 가입 후 오는 이메일, 소프트웨어 무료 버전 사용 시작 후 오는 튜토리얼 이메일, 퍼스널 브랜딩 이메일

이메일 작성에서 고려해야 할 요소들

브로드캐스트 이메일과 자동화 이메일 중 어떤 종류의 이메일을 활용할지 선택했다면, 본격적으로 이메일 콘텐츠를 작성할 차례입니다. 이메일 콘텐츠 작성에서 특히 주의해야 할 브랜드 컬러와 폰트 설정, 버튼, 제목, 발신자 이름, 프리뷰, 콘텐츠 레이아웃과 본문 내 이미지, 이메일 본문 분량과 메시지 톤 등을 하나씩 살펴보겠습니다. 내가 작성하려는 콘텐츠에 맞는 효과적인 형식을 설정해나가시면 됩니다.

브랜드 대표 컬러와 폰트

컬러와 폰트는 기본적으로 브랜드 대표 컬러, 폰트와 통일감 있게 사용하는 게 좋습니다. 다만 폰트는 구독자의 이메일 환경에서도 적용될 수 있는 것이어야 하므로 구글 폰트처럼 범용으로 사용되는 폰트 사용을 권합니다. 폰트 사이즈는 12~14pt가 일반적입니다. 데스크탑과 모바일에서 테스트해보고 적절한 사이즈를 선정합니다.

버튼

EMP에서는 보통 색상 변경 옵션과, 큰 사이즈, 일반 사이즈, 작은 사이즈, 전체 사이즈 등의 사이즈 옵션을 제공합니다.

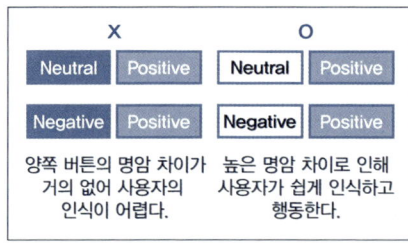
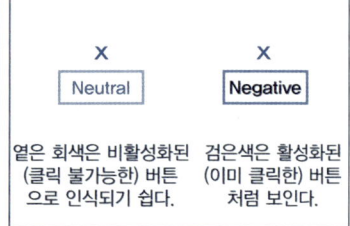

Positive   화면의 변화를 주거나 정보를 추가하는 버튼(전송하기, 더보기)
Neutral   화면의 변화가 없는 버튼, 이전 화면으로 돌아가는 버튼(취소하기, 뒤로 가기)
Negative   삭제, 리셋, 추가 정보를 차단하는 버튼

위의 왼쪽 그림처럼 버튼이 2개일 때는 높은 명암 차이를 주어 사용자가 쉽게 인식하고 행동하도록 유도할 수 있습니다. 그리고 오른쪽 그림처럼 옅은 회색이나 검은색 버튼으로 처리하면 클릭 불가능한 버튼이나 이미 클릭한 버튼이라는 착각을 줄 수 있으니 지양해야 합니다.

  이와 달리 단 하나의 CTA를 위한 경우라면, 버튼을 콘텐츠 정중앙에 배치하는 것이 집중도를 높여 클릭률도 높아집니다. 버튼의 디자인은 우선 헤드카피와 본문 텍스트 및 이미지 등의 비주얼 등을 구상에 맞게 작성한 후, CTA 버튼을 EMP에서 제공하는 버튼으로 사용할지 이미지로 만들어 클릭을 유도할지 결정합니다.

> **TIP** **콜 투 액션** Call to Action, CTA
>
> 콜 투 액션은 행동 요청이란 뜻으로, 대상 고객이 특정 행동을 취하도록 유도하거나 방향을 제시하는 역할을 합니다. 이메일에서 CTA는 수신자에게 원하는 동작을 수행하도록 요청하는 링크, 버튼 또는 문구로 구성될 수 있습니다. 링크 클릭 유도, 리뷰 요청, 소셜 미디어 공유 등이 이메일을 통해서 사용할 수 있는 행동 요청입니다.

제목

제목은 이메일 오픈율을 좌우하는 가장 큰 요소라고 할 수 있습니다. 대부분의 EMP는 A/B 테스트 기능을 지원하므로 이를 활용해 최적화된 제목 패턴을 만들 수 있습니다. 콘텐츠의 내용에 맞춰 작성하며, 구독폼에서의 카피 작성법과 같은 패턴으로 작성합니다(62~64쪽 참고).

스티비의 이메일 마케팅 리포트에 따르면 제목 텍스트가 10자 이하일 경우가 10자 초과할 경우보다 5% 이상 오픈율이 좋습니다. 그밖에도 제목으로 오픈율이 더 높았던 경우는 이모지가 들어간 제목, 구독자의 이름이 들어간 개인화된 제목인 경우라는 결과가 있습니다.

이메일 제목 작성시 최소한 두 개 이상을 만들어 발송시 A/B 테스트를 진행하기를 권장합니다. EMP마다 A/B 테스트 방식에는 차이가 있지만 컨버트킷의 경우 A와 B 제목으로 전송시 전체 구독자의 15%는 A 제목으로, 다른 15%는 B 제목으로 된 이메일을 받게 할 수 있습니다. A와 B 제목으로 30%의 구독자에게 메일을 발송한 뒤 4시간이 경과하면 각 대조군에서 높은 오픈율을 보인 제목으로 나머지 70%의 구독자에게 발송합니다.

보내는 사람 이름

보내는 사람 이름은 한국인터넷진흥원의 스팸 규정에 따라 필수로 들어가야 하는 항목으로, 회사 이름 또는 발신자의 이름을 넣어 이메일 수신자가 발신자를 알 수 있도록 해야 합니다. 보내는 사람 이름은 차후 구독자가 메일함에서 검색시 바로 떠올릴 수 있는 이름으로 선정합니다.

프리뷰

메일함 목록에서 이메일 제목 옆에 보이는 20자 내외의 미리보기 텍스트를 프리뷰라고 합니다. 별도로 지정하지 않으면 기본값은 이메일 본문 콘텐츠의 첫 20여 자의 텍스트로 지정됩니다. EMP에 따라서 프리뷰를 따로 작성할 수 있는 기능이 있습니다. 기능이 없는 경우 HTML을 통해서 작성할 수 있습니다.

콘텐츠 레이아웃과 이미지

콘텐츠 레이아웃과 이미지를 잘 활용하면 구독자에게 브랜드 인식도를 올릴 수 있습니다. 레이아웃은 EMP에서 제공하는 템플릿을 활용하거나, HTML코드를 사용하여 생성할 수 있습니다. 또한 이메일 콘텐츠의 톤앤매너와 결을 같이하는 감정을 이미지를 통해 전달함으로써 이메일 구독자와의 관계도를 높일 수 있습니다. 이미지 외의 파일은 EMP가 사용하는 AWS 등과 같은 서버에 올려 링크로 첨부할 수 있습니다. 참고로 동영상은 직접 삽입이 불가능하지만, 앞서 언급했듯 섬네일을 삽입하고 해당 영상이 플레이되는 URL을 섬네일에 삽입하는 방법이 있습니다.

헤드라인 카피

헤드라인 카피는 이메일을 열었을 때 가장 처음 구독자에게 인식되는 텍스트입니다. 이메일이 전달하려는 내용을 함축적으로 표현하는 텍스트로, 레이아웃에 다르지만 가장 상단에 위치하는 것이 일반적입니다. 헤드라인 카피는 간결하고 명확하게 작성하여, 구독자에게 무엇을 제공하고자 하는지 명확히 전달해야만 합니다. 세일즈 이메일의 경우에는 혜택을 강조함으로써 이메일의 CTA와 헤드라인 카피를 일치시킵니다.

이메일 본문 분량

이메일 본문 분량은 이메일의 목적에 따라 달라집니다. 데일리 뉴스레터 서비스와 같이 뉴스 큐레이션인 경우는 세일즈 목적의 CTA 버튼 클릭이 목적인 이메일보다 본문 분량이 길 것입니다. 구독자가 어느 정도까지 스크롤 다운을 했는지 알 수 있는 웹과는 달리 이메일 마케팅에 있어서는 측정할 수 있는 방법이 현재 존재하지 않습니다. 같은 사이즈, 색깔, 텍스트의 동일한 조건의 버튼을 상단, 중간, 하단에 배치하여 클릭 여부로 스크롤 길이를 가늠할 수 있습니다.

메시지 톤

메시지 톤은 이메일을 받는 구독자 페르소나(나이, 연령, 관심사 등)에 따라 맞추고 브랜드가 가진 이미지가 투영돼야 합니다. 의료 기기를 파는 회사에서 의사들에게 이메일을 보낼 경우에 전문적인 이야기를 해야 하는 톤과 20대 여성을 상대하는 패션잡화 브랜드에서 사용해야 할 톤은 같을 수 없습니다.

 일반적으로 제품생애주기가 길면 길수록 톤은 무거워지며, 짧을수록 가볍게 가는 것을 고려할 수 있습니다. 보통 생애주기가 긴 것은 고관여 상품인 전문 영역이고 생애주기가 짧은 것은 대중 영역입니다.

시그니처

시그니처는 이메일의 최하단에 위치하는 영역, 즉 푸터Footer에 들어가는 부분으로 이메일을 발송하는 회사 또는 사람의 정보와 소셜 미디어 아이콘, 홈페이지 주소, 브랜드의 모토 등이 배치되는 곳입니다. 구독자가 발송자의 정보를 확인하는 부분이므로 정확해야 하며, 링크를 통해 홈페이지 등으로 재방문을 만들 수 있는 곳입니다.

보내는 사람 주소, 전화번호, 구독 취소 버튼

보내는 사람 주소 및 전화번호는 보내는 사람과 마찬가지로 한국인터넷진흥원에서 필수 정보로 규정하고 있습니다. 구독 취소 버튼 역시 대부분의 EMP에서 기본값으로 무조건 들어가야 하는 영역이자 합법적 마케팅을 위해선 꼭 필요한 부분입니다.

브로드캐스트 이메일 작성부터 발송까지

브로드캐스트 이메일의 작성부터 발송까지의 7단계를 소개합니다. 다음에서 소개하는 7단계 흐름을 따라 이메일 발송 목적 설정부터 CTA 설정까지 따라가며 이메일을 작성하고, 발송 후 모니터링과 리포트화를 실행할 수 있습니다. 이메일 작성 및 발송 설정을 완료하고 이어 소개하는 브로드캐스트 이메일의 전환율을 높이는 테크닉까지 적용해봅시다.

브로드캐스트 이메일의 7단계

1 **1단계: Why? 이메일을 왜 발송하는가**

왜 이메일을 보내야 하는지, 이메일을 통해서 구독자가 무엇을 하길 원하는지 확립합니다. 예를 들어 판매 상품 세일 소식을 구독자에게 전달하기 위한 메일이라면, 판매 페이지로 트래픽 유도하기가 이메일의 목적이 됩니다.

2 2단계: What? 이메일로 무슨 내용을 전달하는가

어떤 내용을 이메일로 전달할지 콘텐츠를 구상합니다. 이메일에서 보여주는 콘텐츠의 테마와 이메일 속 버튼을 통해 도달한 페이지의 테마가 동일해야 구독자들이 혼동하지 않습니다.

3 3단계: How? 이메일을 어떻게 트래킹할 것인가

어떻게 이메일을 트래킹할지는 두 가지 방법을 사용할 수 있습니다. 첫 번째 방법으로는 UTM을 사용하는 것입니다. UTM이 삽입된 링크로 연결되는 버튼 클릭 후 진입한 홈페이지의 웹 로그 분석을 통해 실제 세일즈 전환율 등을 확인할 수 있습니다.

두 번째로는 링크를 클릭한 사람들을 태그하여 EMP에서 클릭한 사람들만을 위한 2차 메시지를 보내는 방법입니다. 여기서 좀 더 확장된 방법으로는 EMP와 카페24, 쇼피파이 같은 이커머스 플랫폼을 EMP 또는 재피어 등과 연동하는 것입니다. 이메일 링크 클릭 후 특정 기간이 지나도 전환이 일어나지 않은 사람들에게 자동으로 이메일을 보낼 수 있습니다. 이와 같은 경우는 브로드캐스트 이메일과 자동화 이메일을 함께 사용하는 경우로 미리 작성한 자동화 이메일이 브로드캐스트 이메일의 클릭 후 구매 전환의 여부가 트리거가 되어 자동화 이메일을 발송, 전환을 높여줍니다(113쪽 참고).

4 4단계: Who? 이메일을 어떤 구독자가 받아보는가

구독자 설정에는 리스트 방식과 태그 방식 두 가지가 있습니다.

리스트 List 방식

이메일 마케팅에서 리스트는 구독자 그룹의 단위를 뜻합니다. 개별 구독자를 리스트로 관리하면 리스트별로 다른 이메일을 보내기 용이합니다. 이어 설명할 태그 방식에 비해 사용이 쉽지만, 각각의 리스트에 들어간 중복된 구독자를 별개로 세기 때문에 구독자 수에 따른 과금에서는 단점이 됩니다. 메일침프, 스티비가 리스트 방식의 이메일 마케팅 툴을 제공합니다.

태그 Tag 방식

태그는 구독자에 대한 구분을 만드는 최소단위입니다. 구독폼 이름이나 관심사에 따른 태그를 구독자마다 붙일 수 있습니다. 리스트 방식과 달리 모든 구독자가 각각의 태그로 구분된 형태입니다. 리스트 방식이 만일 '월간 뉴스레터'와 '새 구독자'라는 그룹에 한 구독자를 두 번 속하게 하는 방식이라면, 태그 방식은 한 구독자에 두 가지 태그를 붙이는 방식입니다.

   참고로 태그에 따른 그룹은 세그먼트라고 부릅니다(124쪽 참고). 태그들에 and/or 조건을 붙여 세그먼트를 생성할 수 있습니다. 샤프스프링, 허브스팟, 액티브캠페인, 컨버트킷 등이 태그 방식의 이메일 마케팅 툴을 제공합니다.

5 5단계: When? 이메일을 언제 발송하는가

각 브랜드가 가진 고객층의 연령, 성별, 직업 등에 따라 오픈 최적화된 시간을 설정하여 보낼 수 있습니다. 예를 들어 구독자 리스트에 회사 이메일 주소가 많이 적혀 있다면 점심시간 전후 시간대가 오픈율이 높습니다. 20대를 겨냥하는 여성 패션 및 화장품을 판매하는 브랜드라면 출퇴근 시간 및 취침 전 시간대가 점심시간 전후보다 전환율이 높을 수 있습니다. 유아복, 아동복을 판매하는 경우라면 아이를 유치원을 보낸 뒤 하원하기 전까지 시간이 비교적 여유로울 것을 생각하면 오전 10시에서 점심시간 직후가 이메일을 발송하기 최적화된 시간일 수 있습니다. 또한 구글 애널리틱스 등 홈페이지 데이터를 측정할 수 있다면 홈페이지의 시간대별 트래픽 유입과 전환율을 연관지어 최적화된 시간을 설정할 수 있습니다.

이러한 내용 등을 바탕으로 이메일 발송 후 오픈하는 구독자의 50%가 6시간 이내에 열어본다는 것을 감안하여 최종적으로 시간 설정을 합니다. 위의 내용들은 데이터에 의한 경향일 뿐이기에 직접 이메일을 보내는 시간 및 요일을 달리하여 보내면서 최적 시간을 찾는 것이 무엇보다 중요합니다. 최종적으로 발송 전 테스트 이메일을 통해 마지막 확인을 합니다.

6 6단계: 메일 발송 후 모니터링

모니터링은 발송 후 혹시 있을 수 있는 오류를 바로잡는 과정입니다. 가장 기본적인 방법은 이메일 발송시 발송자의 이메일을 함께 구독자로 설정하여 보내는 것입니다. 제대로 수신할 수 있었는지, 작성한 콘텐츠가 잘 보이는지 여부를 체크합니다. 이메일 발송 후 최소 30분 정도는 EMP 내 리포트 페이지에서 이메일 수신자의 오픈율 및 수신자 등을 체크하면서 이메일 캠페인을 모니터링합니다.

대부분 EMP에는 첫 브로드캐스트 이메일 발송 후 이메일을 오픈하지 않은 사람들에게만 이메일을 보낼 수 있는 기능이 있습니다. 즉 100명에게 보낸 이메일 중 70명이 오픈한 경우, 이메일을 오픈하지 않은 30명에게 따로 이메일을 보낼 수 있습니다. 이 기능을 사용할 경우 최소한 하루 이상을 기다린 후 발송하며 이메일 제목을 변경하여 보냄으로써 구독자가 오픈할 가능성을 높일 수 있습니다. 또한 보내는 시간대를 달리하여 테스트를 해볼 수 있습니다. 시간이 정해진 캠페인의 경우에 굉장히 유용한 기능으로 오픈율에 큰 도움이 될 수 있습니다.

7 7단계: 메일 발송 후 리포트화

캠페인 종료 후 최소 3일 이후 리포트화를 진행합니다. 리포트에 들어가야 할 요소들로는 구독자 수, 보낸 요일 및 시간, A/B 테스트를 한 각각의 제목 오픈율, 오픈한 사람 수 및 비율, 클릭한 사람 수 및 비율, 클릭 버튼이 두 개 이상인 경우 각각의 클릭 수, 구독 취소 수 및 비율, 구글 애널리틱스에서 이메일을 통한 트래픽의 세션, 전환율 등이 있습니다.

브로드캐스트 이메일 전환율을 높이는 테크닉

1 이메일과 SMS(카카오 알림톡) 연동 운영

구독자 정보를 수집할 때, 이메일 외에도 전화번호를 필드값으로 받으면 이메일 내 특정 링크 버튼을 클릭했을 때 SMS 또는 카카오 알림

톡으로 별도의 메시지를 발송할 수 있습니다. 링크별로 다른 메시지가 나가도록 링크를 여러 개 설정할 수도 있습니다. 예를 들어 이메일 콘텐츠 내에서 [15% 쿠폰 바로 받기] 버튼을 생성할 때, 연결 링크는 홈페이지로 하되 클릭했을 때 자동으로 SMS 쿠폰이 전달되도록 세팅할 수 있습니다.

2 홈페이지 랜딩시 리타기팅

이메일에서 CTA 버튼을 클릭해 홈페이지에 랜딩한 구독자에게만 팝업이 보이도록 홈페이지를 설정할 수 있습니다. 예를 들어 "이하석 님, 이메일을 통해 홈페이지에 방문하신 분들께만 또 다른 혜택을 드립니다." 같은 개인화 메시지를 띄워 리타기팅할 수 있습니다.

더 공격적으로 리타기팅을 진행한다면, 이름, 이메일, 최근 구매 상품명, 상품 구매일 등을 필드값으로 확보하고 이를 활용하여 이메일을 통해 유입되는 모든 유저에게 각기 다른 메시지를 보여줄 수 있습니다. 예를 들어, "이하석 님, 10월 2일에 구매하신 블루투스 헤드셋은 잘 사용하고 계신가요? 블루투스 헤드셋을 구매하신 분들이 가장 많이 구매한 또 다른 상품의 10% 할인 쿠폰을 드립니다." 같은 문구를 활용할 수 있습니다.

3 카운트 타이머를 이용한 전환

시의성이 있는 캠페인일 경우 시간이 역카운트 되는 타이머를 이메일 내에 삽입하여 구독자에게 긴급한 느낌, 놓치면 안 될 것 같은 느낌을 유도해 클릭률을 높일 수 있습니다. 예를 들어 카운터 타이머 위에 "2

시간 30분 뒤 35% VIP 세일이 종료됩니다" 같은 메시지와 함께 클릭 버튼을 만들 수 있습니다. 카운터 타이머는 구독자가 이메일을 오픈하는 시간에 따라 자동으로 다르게 보입니다. 카운터 타이머는 모션메일앱 motionmailapp.com 을 통해 HTML 코드를 생성하여 EMP를 통해 발송하는 브로드캐스트 이메일에 첨부하실 수 있습니다.

Chapter 5

자동화 이메일 설계하기

자동화 이메일을 시작할 때 결정해야 할 것들

앞서 76쪽에서 설명했듯이 자동화 이메일은 브로드캐스트 이메일과 달리 트리거가 있을 경우 미리 써놓은 메일이 자동으로 특정 구독자에게 발송되는 메일입니다. 자동화 이메일을 활용하는 목적은 보통 직접적인 세일즈보다는 소통, 설득, 리마인드를 통한 시리즈 이메일 발송입니다. 자동화 이메일을 시작하기 전에, 브로드캐스트 이메일과 마찬가지로 최종 전환 목표를 설정하고, 콘텐츠를 목표에 맞게 구성한 뒤 자동화 이메일 구조를 설계해야 합니다.

최종 전환 목표 설정과 콘텐츠 구성

자동화 이메일의 목표가 상품의 세일즈 전환인지, 앱 다운로드인지, 전화/이메일 문의나 각종 신청서 작성 유도인지 등을 가장 먼저 설정해야 합니다. 전환 목표를 우선 설정하고 이에 맞는 콘텐츠를 구성해야 합니다. 이 단계가 보통 이메일 마케팅에서 가장 많은 시간을 할애하는 부분입니다.

자동화 이메일 구조 설계하기

자동화 메일은 기본적으로 구독→유도→전환 단계로 설계합니다. 각 단계별로 1개 이상의 자동화 메일만 준비해도 실행이 가능하지만, 대개 3개 이상씩의 이메일을 단계별로 준비하는 경우가 많습니다. 각 메일 사이의 발송 간격은 보통 구독 단계에서는 구독 후 즉시, 유도 및 전환 단계에 있어서는 2~7일 사이로 메일이 하나씩 나가도록 합니다.

1월 1일 구독을 시작한 구독자 A

DAY 1: 1/1: 구독
DAY 2: 1/2: 유도 #1
DAY 5: 1/5: 유도 #2
DAY 9: 1/9: 유도 #3
DAY 11: 1/11: 브로드캐스트 세일즈 이메일
DAY 13: 1/13: 유도 #4

1월 5일 구독을 시작한 구독자 B

DAY 1: 1/5: 구독
DAY 2: 1/6: 유도 #1
DAY 5: 1/10: 유도 #2
DAY 6: 1/11: 브로드캐스트 세일즈 이메일
DAY 9: 1/14: 유도 #3
DAY 13: 1/18: 유도 #4

이메일 마케팅의 목적에 따라 자동화 이메일은 유도 단계까지만 사용하고 그 이후 단계에서는 브로드캐스트 이메일을 통해 전환을 유도하기도 합니다.

자동화 이메일 핵심 전략

본격적으로 자동화 이메일을 준비하기 위해 자동화 이메일 핵심 전략을 먼저 알아보겠습니다. 앞서 설명했듯 자동화 이메일은 목적 달성을 위한 시리즈 메일이므로 발송 간격과 타이밍, 시리즈별 특정 링크 클릭 여부가 확인되어야 합니다. 자동화 이메일 구조를 설계하기 전에 여기에서 소개하는 핵심 전략들을 반드시 확인하시기 바랍니다.

자동화 이메일을 발송하기 전에 결정할 것들

발송 간격과 타이밍

정답은 없습니다. 전환의 최종 목표, 고객 관여도, 상품/서비스의 수명주기, 가격대에 따라 지속적인 조정이 필요합니다. 공격적인 이메일 마케팅인 경우 하루에 1개씩, 총 50여 개의 이메일을 연속으로 보내는 경우도 있습니다. 그들은 "어차피 살 사람은 사고 안 살 사람은 구독 취소를 한다"고 말합니다. 그래도 자동화 이메일을 론칭한 뒤 최적화는 반드시 필요합니다.

보통 제품수명주기가 길고 전문화된 상품인 경우 세일즈 이메일 발송은 금요일~일요일은 피하는 것이 좋으며, 이커머스인 경우엔 금요일 밤부터 일요일 오전까지 시간대 이메일 발송은 피하는 것이 좋다고 알려져 있습니다.

또, B2C의 경우 자동화 이메일의 기간을 B2B의 발송 기간보다 짧게 가는 것이 유리하며 B2C의 자동화 이메일의 경우 첫 3개의 이메일은 나머지 이메일보다 짧은 기간으로 보내는 것이 브랜드에 대한 관심도를 높이는 데 유리합니다. 반대로 전환 부분에서는 다시 패턴을 짧게 변경하여 고조된 관심사를 전환으로 연결할 수 있는 타이밍으로 패턴을 만드는 것이 중요합니다.

이메일 콘텐츠

자동화 이메일은 브로드캐스트 이메일에 비해 타기팅 그룹과 더 빠르게 소통할 수 있다는 장점이 있습니다. 그러므로 구독자의 관심사에 맞춰 이메일을 보내는 것이 더욱 중요합니다. 예를 들어 슬랙에 관심을 가진 사람이 구글에서 슬랙을 검색하고 결과로 노출된 블로그를 통해 이메일을 구독한 경우를 가정해봅시다.

이때 첫 번째 이메일은 구독에 대한 감사의 이메일과 슬랙에 대한 팁처럼 구독자에게 혜택성 정보를 줄 수 있는 이메일이어야 합니다. 단순한 이메일 구독에 대한 감사의 글로는 독자에게 관심을 끌 수 없기 때문에 기대감을 고조시킬 수 있는 패턴을 전략적으로 사용해야 합니다. 첫 인사글 이후 유도 부분에 들어갈 수 있는 콘텐츠로는 37쪽 이메일 전환 퍼널 구조 설계에서 언급한 내용을 바탕으로 작성합니다.

이메일 제목

브로드캐스트 메일과 마찬가지로 자동화 메일에도 제목은 오픈율을 좌우하는 요소입니다. 다만 발송자가 동일한 상태에서 2개 이상의 자동화 이메일을 구독하는 환경을 고려해, 제목을 구분해주는 것도 중요합니다. 자동화 메일에 분야별 갈래가 있다면 말머리를 달아 구독자가 쉽게 구분할 수 있도록 해줍니다.

디자인과 구조

브로드캐스트 이메일이 구매 전환을 목적으로 한다면 자동화 이메일은 유도 과정이 중점이 됩니다. 그러므로 이메일 콘텐츠의 전체 분량을 짧게 하는 것이 유리합니다. 열성 구독자가 아니라면 이메일 길이가 길 경우 끝까지 읽기 쉽지 않기에 '헤드 카피+이미지+바디 텍스트+버튼'과 같은 패턴으로 간결하게 구성하는 것이 효과적입니다.

이메일 오픈 여부와 링크 클릭 여부 확인

예를 들어 한 이메일 시퀀스에 총 5개의 이메일 발송이 설계돼있고, 각 이메일 콘텐츠 안에 1개씩의 링크가 있다면 우리는 각각의 구독자에 따른 정보를 얻어낼 수 있습니다. 특정 이메일에 속한 특정 링크를 클릭한 사람을 또 다시 태그 설정해 그들만을 위한 자동화 이메일을 연계하여 진행할 수 있습니다. 예를 들어 이커머스와 이메일 마케팅을 연동하는 경우에, N번째 이메일에는 10% 할인 쿠폰을 첨부해서 발송해 세일즈 전환을 달성하기 위한 자동화 이메일을 설계할 수 있습니다. 그 안에서 클릭을 했지만 세일즈로 전환이 안 된 사람들을 다시 분류해 태그를 설정해 자동화 이메일이 발송되도록 설계합니다. 태그를 활용해 자동화 이메일을 설계하는 자세한 방법에 관해서는 86쪽을 참고하십시오.

자동화 이메일 구조 설계하기

앞서 소개드린 구독(획득) → 유도 → 전환 패턴에서 한발 더 나가서 좀 더 복잡한 자동화 이메일 구조를 설계해보겠습니다. 그러기 위해서 자동화 이메일의 기본 과정을 우선 구조적으로 파악해봅시다.

자동화 이메일의 기본 구조

구독자가 홈페이지 등에서 구독폼을 통해 이메일 구독을 시작하면 보통 다음 세 종류의 메일을 순서대로 발송하는 것이 효과적입니다.

❶ 구독 및 전환성 이메일: 환영 인사 또는 쿠폰 등 혜택을 담은 메일
　ex [광고] XYZ님, 재피어 웨비나 10% 할인 쿠폰 전달드려요!

> ❷ 유도 이메일: 상품 관련 정보성 메일
>   ex [광고] 재피어를 사용해야 하는 이유 3가지
> ❸ 세일즈 전환 이메일: 구매 촉진 메일
>   ex [광고] 품절 직전! 마지막 리마인더 이메일 드려요!

위 ❶~❸ 메일의 발송 타이밍 설정 예를 들어보겠습니다. ❶은 구독 즉시, ❷와 ❸ 메일은 순서대로 하루에 하나씩 보내는 설정이라고 가정하겠습니다.

❶ 메일에서 10% 할인 쿠폰을 받아 바로 구매한 사람들에게는 ❷와 ❸ 메일을 보내지 않아도 되고, 특히 ❸ 메일의 경우 이미 구매한 사람에게는 보낼 필요가 없습니다. 그러므로 위 메일을 다음과 같은 패턴으로 변경하면 더 자연스러운, 더 높은 전환율을 만들 수 있습니다.

> ❶ 구독 이메일: 이메일 구독한 즉시 구독 감사 이메일 발송
> ❷ 혜택 이메일: 쿠폰 등 혜택을 담은 메일
> ❸ 유도 이메일: 상품 관련 정보성 메일
> ❹ 더 큰 혜택 이메일: ❷보다 더 큰 혜택을 담은 메일
> ❺ 감사 메일: 구매자에게 보내는 감사 메일

❶은 마찬가지로 구독 즉시, ❷를 받은 구독자가 구매하지 않는 경우에는 ❸ 메일 발송, 그후에도 구매하지 않은 경우 ❹ 메일을 발송하도록 설계합니다. 마지막으로 구매 전환시 ❺ 메일을 발송하도록 자동화

하는 것입니다. 만일 ❷를 받은 상태에서 구매 전환이 이뤄진 경우 바로 감사 이메일로 건너뛰도록 설계할 수 있습니다.

자동화 이메일 시퀀스 예시

• • •

SEO를 통해 재피어와 슬랙에 대한 비교적 높은 관심사가 있는 구독자의 정보를 수집한 뒤 이뤄지는 자동화 이메일 시퀀스의 예시 두 가지를 소개합니다. 첫 자동화 이메일은 구독한 주제에 맞는 자동화 이메일로 구매 전환을 유도하고, 만일 전환이 이뤄지지 않을 경우 슬랙과 재피어 둘 다 관심이 가질 만한 주제의 자동화 이메일들을 지속적으로 공유하면서 전환을 유도하는 패턴입니다.

예시1. 재피어에 관해 블로그 포스팅하고
SEO를 통해 포스팅 내 구독폼으로 잠재고객을 확보한 경우

- 시퀀스 #1 재피어

이메일 #1: 이하석 님이 재피어를 꼭 사용해야 하는 3가지 이유
이메일 #2: 구글폼과 이메일 마케팅 3분 만에 연결하기
이메일 #3: 재피어 없이 자동화 꿈도 꾸지 마세요 ㅜㅜ
이메일 #4: 한국 유일무이한 재피어 공인 전문가에게 물어보세요!
※ 이메일 #4에서 전환시 시퀀스 #4로 이동, 비전환시 시퀀스 #2로 이동

- 시퀀스 #2 마케팅 자동화

이메일 #1: 슬랙과 재피어를 통해 할 수 있는 5가지 Tip!
이메일 #2: 모니터링만 하세요, 돈은 자동화가 벌어드려요!
이메일 #3: 아직도 Copy & Paste 하고 계세요?
이메일 #4: 지금 신청하세요, 앞으로 최소 3,560시간 아껴드립니다 :-)
※ 이메일 #4에서 전환시 시퀀스 #4로 이동, 비전환시 시퀀스 #3으로 이동

- 시퀀스 #3 마케팅 자동화 전환

이메일 #1: 무료 컨설팅 30분, 한정 5분!

이메일 #2: XYZ 님 외 236명이 9점 이상의 평점을 주신 자동화 컨설팅!

※ 이메일 #2에서 전환시 시퀀스 #4로 이동, 비전환시 태그 "Marketing Automation No Purchase"로 태깅

- 시퀀스 #4 감사 이메일 및 CTA

이메일 #1: 감사 이메일 및 미팅 신청서 작성 폼 연결

예시2. 슬랙에 관해 블로그 포스팅하고
SEO를 통해 포스팅 내 구독폼으로 잠재고객을 확보한 경우

- 시퀀스 #1 슬랙

이메일 #1: 슬랙에 대해 관심있으신 이하석 님을 위한 슬랙 1분 팁
이메일 #2: 슬랙, 팀즈 Teams, 비교해봤습니다!
이메일 #3: 슬랙으로 대쉬보드 만드는 법 공유합니다
이메일 #4: 슬랙을 통한 자동화, 저만 믿어보세요!
※ 이메일 #4에서 전환시 시퀀스 #4로 이동, 비전환시 시퀀스 #2로 이동

- 시퀀스 #2 마케팅 자동화

이메일 #1: 슬랙과 재피어를 통해 할 수 있는 5가지 Tip!
이메일 #2: 모니터링만 하세요, 돈은 자동화가 벌어드려요!
이메일 #3: 아직도 Copy & Paste 하고 계세요?
이메일 #4: 지금 신청하세요, 앞으로 최소 3,560시간 아껴드립니다:-)
※ 이메일 #4에서 전환시 시퀀스 #4로 이동, 비전환시 시퀀스 #3으로 이동

- 시퀀스 #3 마케팅 자동화 전환

이메일 #1: 무료 컨설팅 30분, 한정 5분!

이메일 #2: 이하석 님 외 236명이 9점 이상의 평점을 주신 자동화 컨설팅!

※ 이메일 #2에서 전환시 시퀀스 #4로 이동, 비전환시 태그 "Marketing Automation No Purchase"로 태깅

- 시퀀스 #4 감사 이메일 및 CTA

이메일 #1: 감사 이메일 및 미팅 신청서 작성 폼 연결

위 구조에서는 재피어, 슬랙의 시퀀스를 4개의 이메일로 관심 키워드로 구독한 내용에 대한 정보를 전달했고, 네 번째 이메일에서는 전환을 유도했습니다. 두 개의 다른 시퀀스에서 비전환시 시퀀스 #2, #3, #4로 전환에 따른 여부로 자동화한 구조입니다.

이렇게 자동화의 주축이 되는 태그와 시퀀스 그리고 구독자 그룹핑을 할 수 있는 세그먼트에 대해서 다음 장에서 상세히 알아보겠습니다.

Chapter 6

태그, 세그먼트, 시퀀스 활용하기

태그, 세그먼트, 시퀀스 기초 알기

구독자를 효율적으로 관리하고 이메일 자동화를 실행하기 위해 활용되는 개념인 태그, 세그먼트, 시퀀스에 대해 알아보겠습니다. 앞으로 예시를 통해 설명드릴 내용에서 반복적으로 등장하는 개념이며, 이메일 마케팅을 구현하실 때도 꼭 파악하고 있어야 하는 중요한 개념입니다.

태그

태그는 구독자의 액션을 통해 이메일 구독자를 구분할 수 있는 수단입니다. 특정 태그가 붙여진 구독자에게 태그별로 그에 해당하는 시퀀스 메일을 보낼 수 있습니다. 예를 들어, 이메일 수집 구독폼별, 상품 구입 여부, 서베이폼 응답 내용별, 특정 링크 클릭시 링크별 분류 등으로 태그를 달아 구독자를 구별할 수 있습니다.

만약 이메일 구독폼을 통한 구독자가 아닌 경우, 즉 직접 고객 데이터를 EMP로 임포트해야 하는 경우에는 태그를 "Import"라고 태깅하고, 그밖에 각기 다른 구독폼을 통해 구독을 시작한 구독자들을 "Form A", "Form B"와 같이 구분해 태깅할 수 있습니다. 또한 이메일 내 특정 링크 클릭, 홈페이지와 연결시 홈페이지 내에서의 버튼 등 클릭시에도 구독자마다 태그 이름을 설정하여 구분해 관리할 수 있습니다.

세그먼트

세그먼트는 커스텀 필드를 통해 수집할 정보들과 태그를 필터링해 만들 수 있는 그룹의 단위입니다. 커스텀 필드란 이름, 전화번호, 구매 상품, 가입 일자 등, 이메일 정보를 제외하고 수집할 수 있는 필드 영역을 뜻합니다. (EMP에 따라서 이름과 전화번호 정도는 기본으로 포함하는 경우도 있지만, 이 책에서는 이메일 외 모든 정보를 커스텀 필드로 구분하겠습니다.)

예를 들어 '태그 A에 포함된 사람들 중 전화 번호가 있는 사람' 그룹을 만들고자 할 경우, 새로운 구독자의 핸드폰 번호 정보의 유무에 따라 태그를 새로 만드는 것보다는 세그먼트를 통해 자동으로 데이터를 쌓는 것이 훨씬 간단합니다. 예시는 다음과 같습니다.

> ex – 구독자 이름: 이하석
> – 이메일 주소: haseok@haseok.com

- 전화번호: 01012345678

- 주문 거래: Y

- 구독자 ID: 876123

→ 태그 A, 태그 Import, 태그 C

ex - 구독자 이름: 일하석

- 이메일 주소: haseok-test@test.com

- 전화번호: 01087654321

- 주문 거래: N

- 구독자 ID: 876121

→ 태그 B, 태그 C

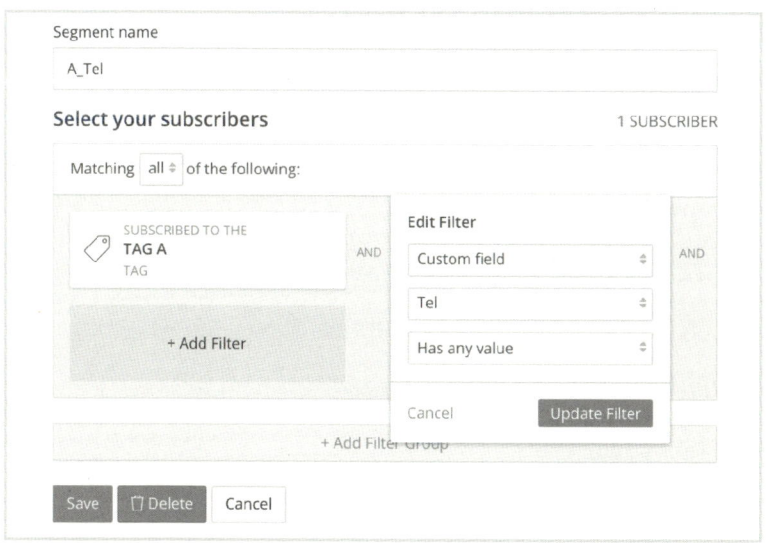

세그먼트 'A_Tel' 조건을 '태그 A'인 동시에(and 조건) 문자 발송 가능한(전화번호가 있는) 사람만의 그룹으로 설정한 화면

위와 같은 구독자 정보에서 이메일 주소를 제외한 나머지 정보를 커스텀 필드로 할 경우, '태그 A'에 포함된 사람이면서 전화번호가 있는 구독자들을 세그먼트 'A_Tel'로 지정하면 편리합니다. 이렇게 지정하면 이메일을 보낼시 전화번호 유무로 필터링하는 수고 없이 바로 해당 세그먼트만 선택해 발송할 수 있습니다. 이메일 내에서 특정 버튼 클릭시 문자가 나가야 하는 경우 사용할 수 있는 구독자 리스트를 만들 수 있는 것입니다.

시퀀스

시퀀스는 자동화 이메일을 자체를 의미하는 동시에 이미 작성된 최소 1개 이상의 시리즈화된 자동화 이메일의 단위이기도 합니다. 시퀀스 이메일이 발송되기 위해서는 아래와 같은 특정 트리거가 필요합니다. 트리거의 종류에는 크게, 구독폼(혹은 랜딩 페이지)을 통한 구독 발생, 특정 태그가 붙은 경우 두 가지가 있습니다. 또한 앞서 다뤘듯 한 시퀀스가 끝난 경우에 연달아 다른 조건의 시퀀스를 이어서 보내는 경우도 있습니다. 다음에서 그 기능들을 자세히 알아보겠습니다.

태그와 시퀀스 활용하기

태그와 시퀀스를 활용해 구독자를 효율적으로 관리하고 업데이트하는 방법을 소개합니다. 구체적으로 태그 설정에서 달성하려는 기능은, 시퀀스 이메일 자동 발송, 이미 받고 있는 시퀀스에서 구독자 제거, 다른 태그 추가 및 제거, 커스텀 필드 업데이트 등입니다.

시퀀스 이메일 발송

많은 분이 이커머스에서 상품을 구매한 경우 거의 바로 이메일을 통해 주문 확인용 이메일을 받습니다. 이는 1개의 이메일로 된 시퀀스가 설정된 경우입니다. 주문 발생시 해당 고객에게 "Paid Customer" 같은 태그가 붙여지면서 주문 내역이 포함된 시퀀스 이메일이 발송되는 것입니다. 예를 들어보겠습니다.

이하석이라는 고객이 ABC 키보드라는 상품을 2023년 3월 1일에 구매한 경우를 가정해봅시다. 구매 정보 확인용 메일 발송을 위해 사전에 다음과 같은 시퀀스 메일을 설정해둡니다.

제목: {{구독자 이름}}님 {{구매일시}}에 {{구매 상품}}을 구매해주셔서 감사합니다

이메일 내용:
안녕하세요, {{구독자 이름}} 님

{{구매일시}}에 {{구매 상품}}을 구매해주셔서 감사합니다.
{{주소}}로 최대한 빠르게 배송해 드리도록 하겠습니다.
만일 배송이 늦어질 경우 {{전화번호}}로 알려드리겠습니다.

저희 상품을 주문해주셔서 다시 한번 감사드립니다.

위와 같은 {{ }}에 들어가는 영역을 머지 태그라고 합니다. 머지 태그는 앞서 설명드린 태그와는 별개의 개념으로, 이메일을 포함한 고객 데이터가 이메일을 발송할 때 자동으로 병합되는 영역을 일컫습니다. 머지 태그에는 각 구매 고객에 따른 필드 정보가 자동으로 삽입되어 이메일이 발송됩니다. 예를 든 경우라면, 다음과 같은 고객 정보가 이커머스 플랫폼과 연동되어 구독자 정보로 쌓여서 실제 이메일이 발송됩니다.

구독자 정보

- 이름: 이하석
- 이메일 주소: haseok@haseok.com
- 전화번호: 01012345678
- 구매일시: 2023년 3월 1일
- 구매 상품: ABC 키보드
- 주소: 서울시 용산구 12-34
- 태그: Paid Customer

실제 발송되는 이메일

제목: 이하석 님 2023년 3월 1일에 ABC 키보드를 구매해주셔서 감사합니다

이메일 내용:

안녕하세요, 이하석 님

2023년 3월 1일에 ABC 키보드를 구매해주셔서 감사합니다.
서울시 용산구 12-34로 최대한 빠르게 배송해 드리도록 하겠습니다.
만일 배송이 늦어질 경우 01012345678로 알려드리겠습니다.

저희 상품을 주문해주셔서 다시 한번 감사드립니다.

이번에는 구매자들이 받는 시퀀스가 2개의 이메일로 구성된 경우라고 가정해봅시다. 첫 이메일은 "{{구독자 이름}} 님 {{구매일시}}에 {{구매 상품}}을 구매해주셔서 감사합니다"의 제목을 가진 이메일이고, 두 번

째 이메일은 상품 도착 후에 보내는 이메일로, "{{구독자 이름}} 님 {{구매 상품}}은 만족스러우셨나요?"와 같은 제목으로 발송할 수 있습니다. 두 번째 이메일은 고객 만족도를 높이고 리뷰 작성을 요청하는 메일이 대부분입니다. 시퀀스의 이름을 "Paid Customer"라고 예를 들어 보겠습니다.

> 제목: {{구독자 이름}} 님 {{구매 상품}}은 만족스러우셨나요?
>
> 이메일 내용:
> 안녕하세요, {{구독자 이름}} 님
>
> 구매해 주신 {{구매 상품}}은 어떠셨나요?
> 제품에 대한 리뷰를 남겨주시면 두 번째 구매시 활용할 수 있는 10% 할인 쿠폰을 드립니다!
>
> 리뷰 남기러 가기 〉〉〉 CLICK

만약 해당 고객이 구매 취소를 하지 않는 경우라면, 보통 첫 번째 이메일 발송 후 4일 뒤를 상품 도착 이후라고 가정해 두 번째 이메일을 보내는 경우가 많습니다.

이미 받고 있는 시퀀스에서 구독자 제거

예를 든 상황에서 만약 고객이 구매한 후 2일 뒤 반품 요청을 했다고 생각해봅시다. 이 경우 두 번째 시퀀스 메일은 나가면 안 되는 상황이 발생합니다. 태그 기능을 활용해 현재 시퀀스에 따라 메일을 받고 있는 구독자 리스트에서 특정 구독자를 제거하는 방법을 알아보겠습니다. 이하석 고객이 이번에는 FGH 칫솔을 주문하고 2일 뒤 반품 신청을 했다고 가정해봅시다.

구독자 정보

- 이름: 이하석
- 이메일 주소: haseok@haseok.com
- 전화번호: 01012345678
- 구매일시: 2023년 3월 1일
- 구매 상품: FGH 칫솔
- 주소: 서울시 용산구 12-34
- 태그: Paid Customer

이와 같은 경우 첫 이메일은 앞선 ABC 키보드 예시와 마찬가지로 똑같은 이메일 템플릿에 구매 상품 정보만 달리하여 첫 시퀀스 이메일이 발송될 것입니다. 그런데 이번 경우에는 배송을 받은 고객이 반품을 요청한 상황이므로, 이커머스 페이지에서 반품 요청 정보가 업데이트되며 시퀀스의 두 번째 이메일을 멈추도록 설정해야 합니다.

    이번에 사용할 태그를 "Refund"라고 설정했다고 한다면, EMP에서는 "Refund" 태그가 붙은 시퀀스 "Paid Customer" 구독자는 구독 취소를 하도록 설정할 수 있습니다(If 태그 "Refund", then Unsubscribe 시퀀스 "Paid Customer"). 구매 고객 중 반품을 요청한 고객, 즉 "Refund"

태그가 붙는 고객은 태그가 붙는 시점에서 바로 시퀀스 Paid Customer 의 남은 메일을 더 이상 받지 않게 됩니다. 그 뒤에 자동으로 해당 고객 정보는 다음과 같이 업데이트됩니다. 업데이트된 구독자 정보의 태그들로 이메일 마케팅 담당자는 구독자의 히스토리까지 알 수 있게 됩니다.

구독자 정보

- 이름: 이하석
- 이메일 주소: haseok@haseok.com
- 전화번호: 01012345678
- 구매일시: 2023년 3월 1일
- 구매 상품: FGH 칫솔
- 주소: 서울시 용산구 12-34
- 태그 Paid Customer, 태그 Refund

다른 태그 추가 및 제거

비록 고객은 반품을 요청했지만 담당 이메일 마케터는 반품 고객 대상으로 또 다른 상품을 팔기 위해 이메일 시퀀스를 구상할 수 있습니다. 1개의 이메일로 구성된 시퀀스를 하나 작성하는 경우의 예를 들어보겠습니다. FGH 칫솔을 반품한 고객에게 XYZ 칫솔을 소개한다고 해봅시다.

제목: {{구독자 이름}} 님 FGH 칫솔 상품이 마음에 안 드셨나요?

이메일 내용:
안녕하세요, {{구독자 이름}} 님

그렇다면 이 상품은 어떨까요?
현재 저희 상품 중 베스트 상품인 XYZ 칫솔을 추천드려요!
아래의 버튼을 누르시면 XYZ 칫솔 3,000원 할인 쿠폰을 드립니다.

여기를 눌러 주세요 〉〉〉 CLICK

이와 같은 하나의 이메일로 구성된 시퀀스 이메일의 이름을 시퀀스 "XYZ 칫솔 Offer"라고 하고 다음과 같이 세팅합니다. FGH 칫솔 구매 고객에게 "Refund" 태그가 달린다면, "XYZ 칫솔 offer" 태그를 달고 (실제 구매 고객이 아니기 때문에) "Paid Customer" 태그를 삭제합니다 (If 구매상품 "FGH 칫솔" & IF "Refund" 태그, then 태그 "XYZ 칫솔 Offer" and 언태그 "Paid Customer").

이렇게 세팅하면 "XYZ 칫솔 offer" 태그가 붙은 고객만을 대상으로 시퀀스 XYZ 칫솔 offer라는 자동화 이메일을 발송할 수 있습니다. 이 경우 구독자 정보는 아래와 같이 업데이트되어 이메일이 발송됩니다.

구독자 정보

- 이름: 이하석
- 이메일 주소: haseok@haseok.com

- 전화번호: 01012345678
- 구매일시: 2023년 3월 1일
- 구매 상품: FGH 칫솔
- 주소: 서울시 용산구 12-34
- 태그 Refund, 태그 XYZ 칫솔 Offer

실제 발송되는 이메일

제목: 이하석 님 FGH 칫솔 상품이 맘에 안 드셨나요?

이메일 내용:
안녕하세요, 이하석 님

그렇다면 이 상품은 어떨까요?
현재 저희 상품 중 베스트 상품인 XYZ 칫솔을 추천드려요!
아래의 버튼을 누르시면 XYZ 칫솔 3,000원 할인 쿠폰을 드립니다.

여기를 눌러 주세요 〉〉〉 CLICK

여기서 한 가지, 이메일 마케터가 고려해야 하는 부분은 반품 신청 후 얼마의 시간 간격을 두고 다른 상품 추천 메일을 보낼 것인지입니다. 반품을 하자마자 다른 상품 제안을 받을 경우 고객에게 반감을 살 수 있기에 상품 특성과 고객군 성향을 고려하여 적정 기간을 두고 메일을 보낼 수 있도록 판단해야 합니다.

커스텀 필드의 업데이트

FGH 칫솔을 반품한 사람들이 XYZ 칫솔 추천 시퀀스 이메일을 받고 쿠폰 링크를 클릭하는 비율은 얼마나 될까요? 이를 알기 위해서 다음과 같이 태그를 세팅할 수 있습니다.

이메일 내에서 CLICK 버튼을 누를 경우 "XYZ 칫솔 Link Click"이라는 태그가 붙여지고, 이 태그가 붙여지면 구매 상품 커스텀 필드 값이 FGH 칫솔에서 XYZ 칫솔 클릭으로 업데이트되도록 합니다(If Click Link "CLICK" → then 태그 "XYZ 칫솔 Link Click". If 태그 "XYZ 칫솔 Link Click" → then update 커스텀 필드 "구매 상품" with "XYZ 칫솔 클릭"). 업데이트된 구독자 정보는 다음과 같습니다.

구독자 정보

- 이름: 이하석
- 이메일 주소: haseok@haseok.com
- 전화번호: 01012345678
- 구매일시: 2023년 3월 1일
- 구매 상품: XYZ 칫솔 클릭
- 주소: 서울시 용산구 12-34
- 태그 Refund, 태그 XYZ 칫솔 Offer, 태그 XYZ 칫솔 Link Click

위의 구독자 정보에 축적된 태그만 보고도 이제 우리는 이렇게 해석할 수 있습니다. 태그 "Refund"가 있다는 것은 구매 후 환불을 했고, 태그 "XYZ 칫솔 Offer"를 통해 XYZ 칫솔을 제안한 이메일이 나갔고,

태그 "XYZ 칫솔 Link Click"을 통해 제안한 이메일에서 쿠폰 링크를 클릭했다는 것을 알 수 있습니다. 만약 고객이 실제 XYZ 칫솔을 3월 23일에 구매한다면, 최종으로 구매자 정보는 다음과 같이 업데이트됩니다.

구독자 정보

- 이름: 이하석
- 이메일 주소: haseok@haseok.com
- 전화번호: 01012345678
- 구매일시: 2023년 3월 23일
- 구매 상품: XYZ 칫솔 클릭
- 주소: 서울시 용산구 12-34
- 태그 Refund, 태그 XYZ 칫솔 Offer, 태그 XYZ 칫솔 Link Click, 태그 Paid Customer

최종 구매 후 반품하지 않는 경우, 주문 정보 확인 메일과 고객 만족도 조사를 위해 2개의 이메일로 구성된 시퀀스 Paid Customer를 다시 발송하게 됩니다.

이렇게 태그와 시퀀스를 활용한 이메일 자동화 설계에 대해 알아봤습니다. 핵심은 IF, THEN의 구조 또는 같은 의미인 TRIGGER, ACTION으로 기억하시면 됩니다. 태그와 시퀀스를 활용하면 예시들처럼 미리 준비한 시퀀스 메일을 발송시키거나 중단할 수 있고 또 다른 태그를 생성하거나 삭제할 수 있으며 고객 정보에 들어있는 커스텀 필드를 업데이트해 나갈 수도 있습니다.

세그먼트 활용하기

세그먼트는 태그와 구독자 필드값에 따라 특정 그룹을 묶는 단위입니다. 세그먼트를 사용하는 가장 큰 이유는 태그와 필드값으로 필터링된 구독자를 자동으로 업데이트해 브로드캐스트 이메일 발송시 시간을 아낄 수 있고, 세팅한 세그먼트에 해당하는 구독자의 수를 쉽게 파악할 수 있기 때문입니다. 태그와 다른 점은 앞서 태그에서 설명한 태그와 달리 IF, THEN_{TRIGGER, ACTION} 구조 중 IF_{TRIGGER}는 만들 수 없다는 점입니다.

세그먼트 만들기

예시를 들어보겠습니다. 용산구 한남동에 있는 플래그십 스토어에서 ABC 크림의 새로운 상품 ABC 크림 골드를 론칭한다고 해봅시다. 이때 이메일 마케팅을 통해 사전에 수집했던 ABC 크림 구매 고객 테이터를 다음과 같이 필터링하고 VIP 초청을 진행하려고 합니다.

구독자 종류(필터링 조건)
- ABC 크림 구매자
- 2023년 4월 15일 이전 구매자
- 서울시 용산구에 사는 구매자

이런 경우 구매 고객 정보를 하나하나 살펴보거나 CSV, 엑셀 파일 등으로 추출해 필터링하기에는 시간이 너무 오래 걸리고 에러가 발생할 가능성도 있습니다. 이때 활용하면 좋은 기능이 바로 세그먼트입니다. 세그먼트를 통해 필드값 필터링을 다음과 같이 진행하면 몇 초 만에 결과를 확인할 수 있습니다.

- 커스텀 필드 "구매 상품" is ABC 크림
- 커스텀 필드 "구매일시" before 2023년 4월 15일
- 커스텀 필드 "주소" Contains 용산구

이와 같은 조건으로 검색하면 4월 15일 이전에 ABC 크림을 구매한 용산구에 거주하는 고객만이 VIP 초청을 받을 수 있습니다. EMP마다 세그먼트 필터링 영역과 방법에 다소 차이가 있지만 공통으로 갖춘 세그먼트 필터링 영역은 태그, 구독폼, 시퀀스, 지역, 도시 반경, 구독 시작 일시, 이름, 이메일, 커스텀 필드, 콜드 구독자Cold Subscriber입니다.
 태그, 구독폼, 시퀀스의 이메일에 따른 필터링이 가능하며, 이메일 구독자가 이메일을 오픈할 경우 확인되는 IP 주소를 통해 국가, 도시

와 같은 지역 정보로 구독자를 필터링할 수 있습니다. 더 나아가 도시 반경 100킬로미터와 같은 필터링 역시 가능하며, 구독 시작 일시를 특정일의 전후로 구분할 수 있습니다. 이름의 경우는 특정 성 또는 이름을 포함한 사람만을 필터링하거나 정확히 일치하는 이름만을 필터링할 수 있으며, 이메일 주소는 특정 이메일 주소를 포함하거나 정확히 일치하는 이메일 주소를 필터링할 수 있습니다. 커스텀 필드는 위의 예시와 같이 구독자 정보를 통한 필터링을 할 수 있습니다. 콜드 구독자는 EMP마다 차이가 있지만 보통 최근 90일간 오픈하지 않은 구독자를 의미합니다.

또한 위의 조건을 정확히 일치Exactly, 특정 문자 또는 숫자를 포함Contains, 초과Greater than, 미만Less than, 정보 포함Has Any Value, 이전Before, 이후After로 설정할 수 있습니다. 예를 들어 ABC 크림 구매자 중 최근 90일간 이메일을 한 번도 열지 않은 구매자 중 서울과 경기 지역에 살고 있는, 지메일을 사용하는, 핸드폰 번호가 있는 구독자들에게만 30% 특별 쿠폰을 발송하기 위해서는 아래와 같은 세그먼트 필터링을 할 수 있습니다. 참고로 필터링할 때 And, Or의 개념은 All과 Any와도 동일한 조건입니다. And와 All은 공통 조건을 뜻하며 Or와 Any는 어디라도 포함되는 조건입니다.

- ABC 크림 구매자: 커스텀 필드에서 구매 상품 "ABC 크림" 포함

  and

- 최근 90일간 이메일을 한 번도 열지 않은 구매자: 태그에 "Paid customer"가 붙여진 구독자 중 콜드 구독자

and
- 서울과 경기 지역: 지역에서 서울 or 경기
　　and
- 지메일: Email 주소에서 지메일 포함
　　and
- 핸드폰 번호: 커스텀 필드에서 전화 번호 010을 포함

시퀀스 응용해 전체 퍼널 자동화하기

자동화 이메일을 활용해 전체 퍼널을 자동화하는 방법에 대해 알아보겠습니다. 예를 들어, 10개의 이메일로 구성된 시퀀스 이메일에서 발송된 세 번째 메일에 A 상품 관련 링크를 삽입했다고 하면, 구독자들이 A 상품 관련 링크를 클릭하는 순간 그 아이템에 대한 관심을 보인 사람들에게 A 상품과 관련된 새로운 시퀀스 이메일을 만들어 별도의 이메일을 자동으로 전달하는 방식입니다. 이처럼 하나의 자동화 이메일 시퀀스에서 2, 3개 이상으로 시퀀스로 확장한다면 높은 구매 전환율을 달성하기 위한 더 높은 레벨의 자동화 이메일 마케팅이 가능합니다.

시퀀스 이해하기

시퀀스는 미리 작성된 시리즈 이메일을 말합니다. 시퀀스 이메일을 발송하려면 랜딩 페이지, 서베이폼, 구독폼 등을 통해 이메일 주소를 최소 조건으로 한 이메일 구독 전환이 우선 있어야 합니다.

홈페이지 유무에 따른 시퀀스 준비

홈페이지가 있는 경우 컨버트킷 같은 EMP를 활용하거나 컨버트플로우 같은 팝업 빌더를 활용해 랜딩 페이지를 만들 수 있습니다. 랜딩 페이지에서 앞서 설명한 모달, 슬라이드 인, 인라인, 스티키 바 등의 형식으로 구독폼을 만듭니다. 구독폼으로 구독자가 생기면 자동으로 시퀀스 이메일이 발송되게 하거나 구독자 구분을 위해 태그를 붙인 후 이메일이 발송되게 할 수 있습니다.

홈페이지가 없는 경우에도 EMP 등 랜딩 페이지를 생성할 수 있는 플랫폼을 통해 일단 단독 랜딩 페이지를 생성해야 합니다. 해당 랜딩 페이지에서 구글폼, 타입폼 등을 통해 이메일을 수집하고 EMP와 통합해 시퀀스 이메일을 발송하거나 마찬가지로 태그 구분 후 발송할 수 있습니다.

시퀀스를 만들 수 있는 경우 4가지

구독자 이메일 정보를 수집한 후 새로 시퀀스를 만들 수 있는 경우에 대해 먼저 살펴보겠습니다.

첫째, 하나의 시퀀스(A)에 속한 메일을 모두 받은 구독자가 다른 시퀀스(B) 이메일을 이어서 받을 수 있도록 설계할 수 있습니다. 둘째, 앞선 태그 챕터에서 언급한 태그/언태그untag 조건에 따라 시퀀스가 자동으로 흐르게 만들 수 있습니다. 셋째, 이메일 내부의 특정 링크를 클릭했을 때 이를 트리거로 작동시켜 시퀀스 이메일을 보낼 수 있으며, 온사이트 리타기팅 솔루션을 홈페이지, EMP와 통합한 경우라면 홈페이지 안에 있는 링크 클릭 또는 팝업 창을 통한 참여 조건으로도 시퀀스 이메일을 자동 발송할 수 있습니다. 두 개 이상의 시퀀스를 결합해 조금 더 복잡하지만 완전 자동화된 이메일 마케팅 설계를 시도할 수 있습니다. 다음 내용에서 자세히 알아보겠습니다.

시퀀스 응용하기

여러 개의 시퀀스를 동시에 운영하기

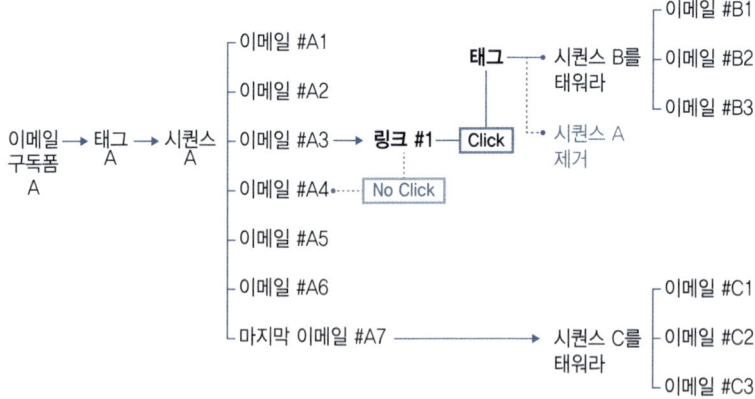

이메일 구독폼을 통해 태그 A가 붙은 구독자들이 시퀀스 A의 연속된 이메일을 받는 경우를 살펴보겠습니다. 세 번째 이메일 #A3에서 링크를 클릭한 경우에는 새로운 태그 #1이 붙으면서 시퀀스 A는 구독이 취소됨과 동시에, 이메일 #A3에서의 관심사와 관련된 구독자들을 위한 시퀀스 B의 이메일 시리즈를 받게 됩니다. 반면, 이메일 #A3에서 링크를 클릭하지 않은 비관심 구독자들에게는 시퀀스 A의 나머지 이메일들이 발송됩니다. 마지막 이메일인 #A7까지 전부 이메일을 받은 사람들은 새로운 시퀀스 C의 이메일들을 받게 하는 구조입니다.

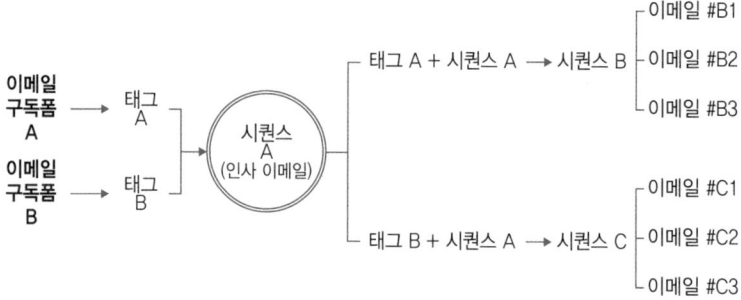

위의 그림은 **두 개 이상의 구독폼과 두 개 이상의 시퀀스**의 또 다른 예시를 위한 구조입니다. 예를 들어 각기 다른 내용의 블로그 포스팅에 들어있는 구독폼을 구독폼 A, B라고 해봅시다. 각각 태그 A, 태그 B를 붙였지만, 두 포스팅 공통으로 인사용 이메일 시퀀스를 보내야 한다면 공통의 시퀀스 A가 발송되도록 설계할 수 있습니다.

이후에 태그 A가 붙은 채 시퀀스 A 메일을 발송한 것인지, 태그 B가 붙은 채 시퀀스 A 메일을 발송한 것인지에 따라 각각 별개의 시퀀스 B와 C로 흐르도록 구조화합니다. 앞의 예시 시퀀스 구조처럼 여러 가지 태그와 목적에 맞게 미리 써놓은 시퀀스를 여러 개 준비한다면 훨씬 더 다양하고 복잡한 구조로 이메일 자동화를 실현할 수 있습니다.

시퀀스로 퍼널 자동화하기

전자책 다운로드를 유발하는 시퀀스 만들기

이메일 구독자들이 전자책을 다운로드하게 만드는 브로드캐스트 이메일 시퀀스를 설계해봅시다. 전자책 다운로드를 유발하는 시퀀스 E-Book, 다운로드를 받은 사람에게 감사 인사를 보내는 시퀀스 Download를 준비합니다.

시퀀스 E-Book은 두 개의 이메일로 구성하면 됩니다. 전자책 다운로드 링크를 포함한 캠페인 이메일 하나, 전자책 다운로드를 한 번 더 권하는 리마인더 메일입니다. 우선, 전자책 다운로드 링크가 포함된 첫 번째 캠페인 이메일을 발송해야 합니다. 첫 번째 메일에서 바로 다운로드 링크를 클릭할 경우 태그 Download를 태깅함과 동시에 시퀀스 E-Book은 구독이 취소되도록 합니다. 이때 태그 Download가 붙은 구독자에게는 시퀀스 Download가 발송되도록 설계합니다.

이때, 시퀀스 E-Book을 통해 두 개의 이메일을 끝까지 받았지만 링크를 클릭하지 않은 구독자가 발생할 것입니다. 이 구독자들에게는 태그 No Interest가 붙도록 설계해두십시오. 이 준비를 모두 마치고, 모든 구독자에게 태그 E-Book를 달아준 뒤, 태그 E-Book이 달린 구독자들이 시퀀스 E-Book의 메일 두 개를 받도록 세팅합니다.

위 순서대로 진행한다면 모든 구독자들은 이제 E-Book로 태깅됨과 동시에 전자책 다운로드 링크가 포함된 캠페인 이메일을 받게 됩니다. 첫 번째 캠페인 이메일에서 전자책을 다운로드를 한 경우 태그 Download가 붙으므로, 리마인더 메일(시퀀스 E-Book의 두 번째 메일)

을 받지 않고 즉시 감사 메일(시퀀스 Download)을 받게 됩니다.

반면 캠페인 이메일에서 다운로드하지 않은 사람들은 리마인더 메일을 받게 됩니다. 이번 리마인더 메일에서 다운로드할 경우 첫 번째 메일에서 다운로드한 구독자들이 받은 감사 이메일을 이어서 받습니다. 두 번의 이메일에서 모두 다운로드를 하지 않은 사람들은 No Interest로 태깅되며 마무리됩니다.

온사이트 리타기팅을 활용해 시퀀스 만들기
온사이트 리타기팅 On Site Retargeting을 활용해 전자책 다운로드까지 이어지는 시퀀스 구조도 알아보겠습니다.

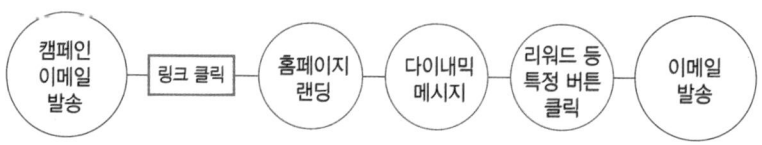

먼저 세일즈 목적의 캠페인 이메일을 발송합니다. 구독자가 이메일 내 상품 A 할인 이벤트 링크를 클릭한다면, 링크에 연결된 주소인 홈페이지에 랜딩시킬 수 있습니다. 이때 홈페이지에서 팝업과 같은 형태로 "이하석 님을 위한 상품 A 할인 쿠폰 받아가세요" 같은 다이내믹 메시지를 보여줍니다. 캠페인 이메일을 통해 클릭한 구독자이므로 사전에 수집한 구독자 정보(이름, 클릭한 상품명)로 개인화 메시지를 띄울 수 있습니다. 고객이 팝업에서 쿠폰 관련 내용을 클릭한다면, 미리 써놓은 시퀀스 이메일(상품 A에 관심을 보인 고객에게만 보낼 이메일)을 이어서 발송할 수 있습니다.

이 과정을 설계하려면 컨버트플로우처럼 온사이트 리타기팅을 할 수 있는 앱과 EMP 사이의 통합이 필요합니다. 또, 홈페이지 팝업과 팝업의 클릭 여부를 트래킹할 수 있는 코드를 미리 심어두어야 합니다. 만일 구독자 이메일 주소 외에도 이름과 휴대전화 번호를 수집해 두었다면, 캠페인 이메일을 클릭한 구독자에게 SMS 또는 알림톡 메시지로 즉시 할인 혜택 등의 정보를 포함한 다이내믹 메시지를 보낼 수도 있습니다.

Chapter 7

이메일 마케팅 통합과 자동화, 그리고 지표측정

이메일 마케팅 통합과 퍼널 자동화

마케팅 통합이란 말 그대로 마케팅 서비스를 하나의 인터페이스에 모으는 것을 말합니다. 앱과 앱을 연동시켜 하나로 모으는 것도 마케팅 통합의 예시입니다. 여기에 자동화가 되도록 설계한다면 해당 마케팅 부분에 들어가는 인건비를 줄이거나 아예 없앨 수도 있습니다. 수동 입력 과정을 제거하고 완전히 자동화된 프로세스로 업무 병목현상을 제거합니다. 이메일 마케팅에서의 통합을 이룰 수 있는 방법을 먼저 알아보겠습니다.

이메일 마케팅 통합 방법 3가지

앱투앱(Application to Application)
앱투앱이란 두 개의 다른 애플리케이션 간의 직접 연동을 말합니다. 보통의 경우 비용이 발생하지 않는다는 점, 연동 과정이 쉽다는 장점이 있지만 필요한 기능이 모두 앱투앱만으로 작동하도록 고도화하기에는 한계가 있습니다. 재피어를 활용하면 5000여 개의 앱을 연결할 수 있지만 메일침프는 300여 개, 컨버트킷은 20여 개만이 연동 가능하기 때문입니다. 메일침프에 등록된 통합 가능한 앱의 종류로 예를 들자면 통계 분석, CRM, 이커머스, 디자인, 소셜 미디어, 서베이 등의 기능을 제공합니다.

또, EMP를 만드는 회사에서 제공하는 API가 연결되는 앱에서 필요한 정보만을 전달하거나 그렇지 않더라도 기본적인 내용만을 전달하는 경우가 있어 활용 범위에 한계를 느낄 수 있습니다. API를 가진 대부분의 EMP는 앱투앱 통합 또는 재피어(또는 재피어와 유사한 서비스를 제공하는 인티그로맷Integromat, 오토메이트Automate, 워카토Workato) 등을 통해 수백에서 수천 가지의 앱과 통합할 수 있습니다.

재피어

2000여 개의 통합 가능한 앱을 제공합니다. 우리가 아는 대부분의 앱을 재피어 내에서 사용할 수 있다고 봐도 무방합니다. 또한 오픈 플랫폼이기에 직접 앱을 만들어 등록하거나 앱에서 열어놓은 API를 통해 별도로 앱을 만들어 사용할 수 있습니다. 또한 100만 명 이상의 재피어 유저가 있어 비교적 서비스가 안정적이며, 앞서 설명한 것처럼 앱투앱에서 사용할 수 없는 API의 범위를 더 많이 제공하기에 더 다양한 기능 및 활용 가능합니다.

재피어는 무료 버전으로 사용해볼 수 있지만, 구독자 수나 앱투앱 연결 후 태스크(재피어에서는 한 번의 액션을 태스크라고 합니다) 양이 늘어나면 사용료도 올라갑니다. 거의 즉시 통합 가능한 앱투앱에 비해 재피어는 재피어의 플랜에 따라 앱에서 앱으로 데이터가 이동할 때 필요한 시간이 다릅니다.

API를 통한 직접 개발

API 독스Docs를 가지고 있는 EMP를 활용하는 방법입니다. EMP에서 제공하는 데이터 범위에서 커스터마이징을 통해 원하는 통합 및 자동화를 구현할 수 있습니다. 기본적으로 무료이거나 적은 비용이 들지만 개발하는 데 시간과 에너지가 물론 들고, 앱의 API가 변경되거나 범위가 축소되는 경우 업데이트해야 하는 단점이 있습니다. 그러나 앱투앱의 통합 또는 재피어에 등록되지 않은 기능도 개발해 구현할 수 있기 때문에 활용하는 경우가 있습니다.

재피어로 통합하기 1. 구글시트

새로운 구독자(New Subscriber)

재피어와 구글시트 연동으로 활용할 수 있는 기능을 하나씩 알아보겠습니다. 먼저, 새로운 구독자 데이터를 실시간으로 모으는 방법입니다. 구독폼 또는 랜딩페이지의 팝업, 랜딩 페이지 빌더 등을 통해 구독을 시작한 구독자들의 리스트를 구글 시트에 연결해 실시간 자동화 대시보드로 활용할 수 있습니다. 재피어에서 컨버트킷의 "Trigger Event"를 "New Subscriber"로 지정하면 자동으로 새로운 구독자가 등장할 경우 구글 시트로 데이터가 자동 전달됩니다.

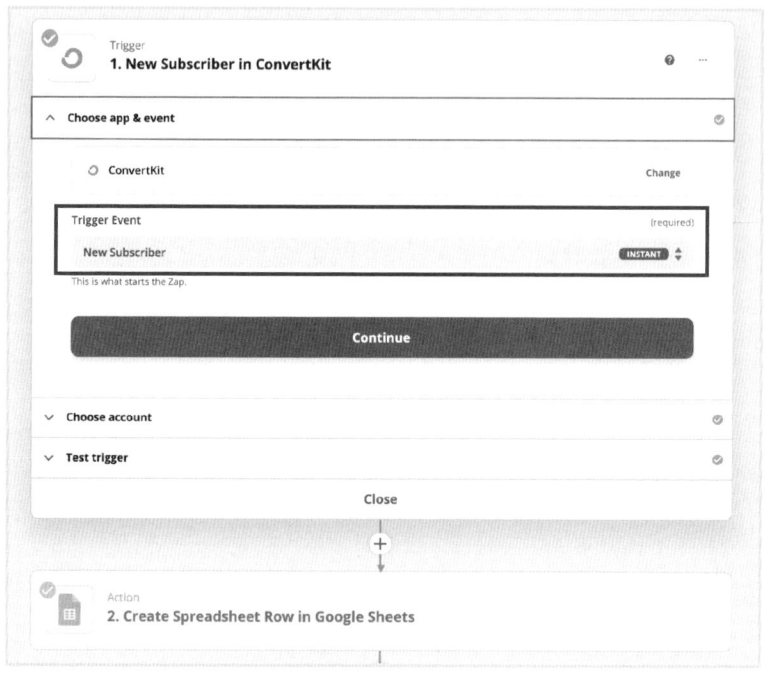

새로운 태그가 달린 구독자(New 태그 Subscriber)

앞의 기능이 새로운 구독자의 데이터만을 모으는 경우라면 New 태그 Subscriber는 특정 상황에 따라 EMP를 통해 태그를 찍어 각각의 다른 콘텐츠의 이메일이 나가게 할 수 있는 방법입니다. 이 경우 구글 시트에서 각각의 태그를 구분하여 저장할 수 있으며, 자동화 이메일 또는 브로드캐스트 이메일에서 특정 링크를 클릭할 경우 새로운 태그가 태깅이 되며 그 정보를 구글 시트에 업데이트할 수 있습니다.

재피어에서 첫 태스크를 'New 태그 Subscriber in 컨버트킷'으로 세팅할 경우 "Set Up Trigger"에서 태그 이름을 선택하여 새로운 구독자가 구독을 시작할 경우 미리 만들어 놓은 특정 태그를 선택하여 태깅할 수 있습니다. 이와 같이 구독폼에 따라 각기 다른 태그를 태깅함으로써 각각의 태그로 묶인 사람들을 구별하여 더 개인화된 이메일 마케팅이 가능합니다.

새로운 구독 취소자(New Unsubscribe)

구독 취소자가 발생한 경우 앞선 기능들을 통해 구글 시트에 이미 쌓인 고객 데이터를 삭제할 수 있습니다. 이메일을 받은 구독자가 구독 취소 버튼을 누를 경우에는 재피어 세팅의 첫 단계 컨버트킷에서 "New Unsubscribe"라는 "Trigger Event"를 사용하여 구독 취소한 사람들만 자동으로 데이터를 습득합니다. 구글 시트의 결괏값으로 재

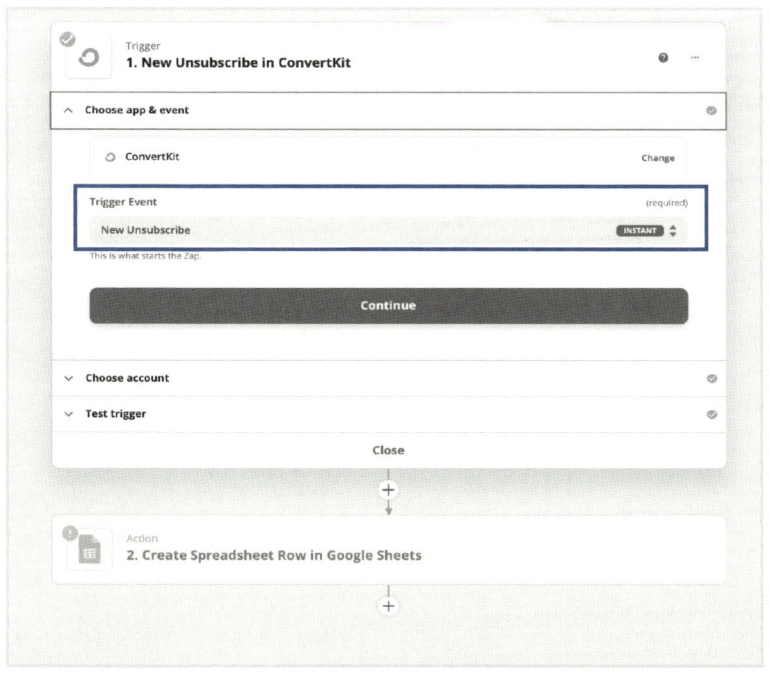

피어에서 구글 시트에서 이름, 이메일, 구독자 ID와 함께 구독 취소 여부가 표시됩니다.

재피어로 통합하기 2. 지메일

지메일로 들어온 새 이메일(New Email Matching Search in Gmail)
지메일로 들어오는 특정 이메일의 제목을 필터링하여 액션을 만들 수 있습니다. 예를 들어 브랜드에서 회사 이메일을 관리하는 경우에 "인턴

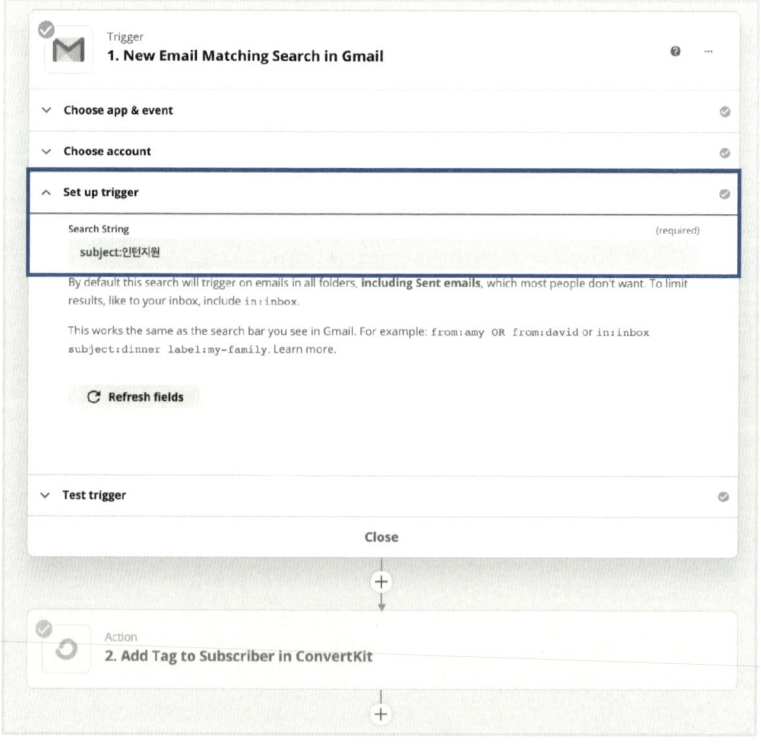

지원"이라는 단어가 들어있는 제목의 이메일을 받는 경우 일일이 답장하는 것은 현실적으로 쉽지 않습니다. 이런 경우 지메일과 EMP를 이용할 수 있습니다. EMP에서 "Add 태그 to New Subscriber" 옵션을 활용해 특정 이메일 발송자에게 미리 써놓은 이메일을 발송할 수 있는 패턴입니다. "New Email Matching Search in Gmail"의 조건은 이메일 제목뿐 아니라 이메일 발송자, 이메일 발신자, 참조자, 숨은 참조, 이메일 내 첨부 파일의 유무와 첨부 파일 이름, 이메일 메시지 내용의 특정 단어, 이메일 발송 시간 등에 따라 조건을 걸어 자동화 이메일을 보낼 수 있습니다.

재피어 설정의 첫 단계에서 수신자의 지메일 정보를 기재하고 "Event"에서 "New Email Matching Search in Gmail"을 선택하고 "Set Up Trigger"에서 "Subject:인턴지원"으로 세팅할 경우, 제목이 "인턴지원"이라고 된 이메일만이 필터링돼 데이터가 수집됩니다.

새로운 라벨이 붙은 이메일(New Labeled Email)

지메일에는 메일마다 라벨을 붙여 이메일을 분류할 수 있는 기능이 있습니다. 붙인 라벨을 활용하여 재피어와 통합, 자동화 이메일을 발송할 수 있습니다. 예를 들어 지메일로 라벨 이름을 "VIP-LEAD"로 만들었다면, 재피어에서 "New Labeled Email" 기능을 통해 설정한 라벨에 맞는 EMP의 태그를 이용해 EMP 내에서의 구분 및 필요에 따라 자동화 이메일을 만들 수 있습니다. 만약 이메일에 "NEW LEAD"라는 라벨을 붙일 경우 자동화 이메일을 통해 회사 소개와 잠재 고객이 알아야 할 내용, 또는 미팅을 위한 미팅 예약 링크를 포함한 내용으로 자동 발송할 수 있어 효율적입니다.

재피어로 통합하기 3. 슬랙, 문자메시지, 이커머스 플랫폼

슬랙

슬랙은 마이크로소프트 팀즈TEAMS와 함께 가장 유명한 회사내 협업 툴이자 커뮤니케이션 툴입니다. 슬랙은 커뮤니케이션 툴 이상의 기능으로도 활용할 수 있습니다. EMP와 통합하면 이메일 구독자, 구독 취소자, 구독자의 특정 행동에 관해 이름, 이메일, 구독 시각 등 정보를 슬랙의 채널 또는 개인 메시지로 받을 수 있습니다.

문자메시지

재피어를 통해 이메일 마케팅과 문자메시지(SMS, LMS, MMS, 카카오톡 알림톡 등)를 통합할 수 있습니다. 가장 강력한 마케팅 통합 방법으로, 국내에서 가장 대표적인 문자 발송 자동화 솔루션인 솔라피Solapi가 재피어에 등록돼 있습니다. 솔라피를 활용하면 다음과 같은 상황에서 문자메시지를 발송할 수 있습니다. 발송 시점은 EMP에서 트리거가 일어난 시점에서부터 분, 시간, 일 단위로 지연되게 하거나, 특정 시각에 맞출 수 있습니다. 솔라피와 통합해 이메일, 이름과 함께 전화번호 수집시 활용 가능한 방법의 예시는 다음과 같습니다.

- 이메일 구독시 구독자에게 문자 메시지 자동 발송
- 이메일 발송시 구독자에게 문자 메시지 발송

- 이메일 구독자가 새로운 태그가 붙을 때 문자 메시지 발송
- 이메일 내 링크 클릭시 구독자에게 문자 메시지 발송
- 이메일 구독 취소시 구독자에게 문자 메시지 발송

이커머스 플랫폼

쇼피파이, 우커머스, 카페24, 메이크샵 같은 이커머스 플랫폼과 EMP를 통합하면 이메일 마케팅에서 폭발적인 성장을 이룰 수 있습니다. 대부분의 해외 이커머스 플랫폼은 재피어와 통합 가능하도록 등록되어 있기 때문에 새로운 주문 발생시 EMP 자동화 이메일을 통해 자동으로 주문 내역을 확인하는 메일, 발송시, 환불시 자동화 이메일을 쉽게 구축할 수 있습니다. 한국 플랫폼의 경우는 API 독스의 유무에 따라 재피어에 프라이빗 앱으로 등록 후 사용할 수 있습니다.

이커머스 플랫폼과 EMP를 통합하면, 회원가입, 새로운 주문, 배송, 환불 등의 정보를 각각의 시퀀스를 통해 자동화 메일로 발송할 수 있습니다. 생일 정보에 따른 생일 맞춤 자동화 이메일, 적립금이 일정 금액 이상 쌓였을 경우, 카트에 담은 후 2일 내 오더를 하지 않은 경우, 쿠폰을 발급 받은 후 5일 내 주문 전환이 안 이뤄질 경우 등 고객의 상황에 맞춘 자동화 메일 시스템 구축이 가능합니다.

특히 이커머스의 경우 고객 정보를 EMP의 필드와 매핑할 경우 광범위한 개인화 메일을 발송할 수 있습니다. 규모가 큰 경우 CRM과 EMP를 연결하여 자동화하는 경우가 많고, 오더 수가 많지 않은 경우 EMP를 CRM의 역할로 함께 사용하거나 구글 시트와 같은 곳에 데이터를 적재하여 자동화가 가능합니다.

이와 같이 새로운 회원이 가입할 경우 위와 같이 카페24의 새로운 구독자 데이터를 구글 시트에 쌓음과 동시에 새로운 회원들에게 자동으로 이메일을 나갈 수 있게 할 수 있습니다. 이 경우 카페24, 메이크샵 등과 같은 플랫폼이 제공하는 자동화 이메일보다 훨씬 더 매력적인 이메일을 보낼 수 있으며 EMP를 사용하기에 이메일의 오픈율, 클릭률 등을 쉽게 확인 가능하며 좀 더 공격적인 세일즈를 만들 수 있습니다. 또한 자동화된 이메일 세팅으로 가입 후 가입자가 받을 이메일을 미리 써놓음으로써 새롭게 가입한 회원과의 소통을 더 가깝게 할 수 있습니다.

이메일 마케팅 퍼널 자동화

이메일 마케팅 통합을 통해 전체 퍼널을 자동화한 예시를 들어보겠습니다. 다음과 같은 상황을 가정해봅시다.

> "우리 장비 AT 101에 관심있어 하는 고객을 구분해 타기팅하자!"
>
> 의료 장비 B2B 사업을 하는 회사에서 일한 지 2주가 지난 크리스는 마케팅 디렉터로부터 첫 캠페인에 대한 내용을 전달받습니다.
>
> "크리스, 우리 회사는 현재 10여 명의 고객 테이터를 갖고 있고, 그 중 2명은 현재 이미 구매한 고객, 5명은 이메일을 한 번이라도 오픈한 고객, 나머지 3명은 이메일을 한 번도 열어보지 않은 고객입니다. 이번에 캠페인 이메일을 통해 우리가 메인으로 팔고 있는 의료 장비 시스템 AT 101에 관심있는 사람들을 VIP로 모셔서 오프라인 설명회를 하려고 합니다. 어떻게 하면 좋을까요?"

크리스는 이에 대해 최종 목적은 VIP 오프라인 설명회 초청이며, 제품은 굉장히 고가의 장비라는 사실을 인지합니다. 그러므로 우선 AT 101에 대한 소개자료를 PDF로 만들어 메일로 보내고, PDF 자료를 다운로드한 사람들을 제품에 관심있는 잠재 고객이라고 판단하자는 결정을 내립니다. 그러므로 어떤 잠재 고객들이 이메일을 클릭했는지 즉시 영업팀에게 클릭한 사람들의 정보를 메시지로 즉각 알려주어, 바로 잠재 고객들에게 전화를 할 수 있도록 자동화하면 성과를 낼 수 있을 것이라는 가정으로 크리스는 다음과 같은 흐름을 설계합니다.

❶ 고객 데이터를 EMP로 가져올 때 2명은 "TEST-PAID CUSTOMER"로 태그, 5명은 "TEST-VIP"로 태그, 3명은 "TEST-LEAD"로 태그

❷ 이미 고객인 2명을 제외한 이메일을 수신해야 하는 8명에게는 오픈율을 높이기 위해 이메일 발송 후 자동으로 SMS를 통해 이메일이 발송되었다는 내용을 전달

❸ 이메일 내에서 PDF 다운로드를 한 사람들에게는 자동화 이메일을 통해 VIP 초청 이메일을 보내며, 동시에 클릭한 사람들의 정보는 영업팀이 사용하는 슬랙으로 내용을 업데이트

* 필요한 도구: EMP, 재피어, 솔라피, 슬랙, 구글시트

우선 이 시나리오에는 두 번의 자동화 이메일이 필요합니다. 첫 번째는 이미 가진 고객 데이터를 가져와서 TEST-VIP, TEST-LEAD에게만 나가는 이메일, 두 번째는 그 이메일에서 클릭한 사람이 받을 자동화 이메일입니다. 두 개의 자동화 이메일을 시퀀스로 구분하고 진행하는 흐름은 QR코드를 통해 파악하실 수 있

습니다.

　마케팅 자동화를 고려하고 있는 분들이라면, 가장 먼저 퍼널 구조의 흐름을 37쪽처럼 시각화하기를 권해드립니다. 흐름도가 있어야 퍼널별 가능 여부 및 에러 등 검증을 우선할 수 있으며, 협업자와 클라이언트와 소통하기도 수월합니다.

이메일 마케팅 지표 측정

이메일 마케팅의 지표 측정 역시 비즈니스 분야와 마케팅의 목적에 따라 달라져야 합니다. 예를 들어 제품수명주기가 짧고 저가인 상품을 판매하는 경우 구독자의 증가와 오픈, 클릭률이 중요한 지표가 될 수 있고, 주기가 길고 고가인 상품을 판매하는 경우에는 실제적인 액션 및 홈페이지 내에서 고객 행동 분석을 위한 클릭률이 더욱 중요한 지표입니다. 또한 TOFU, MOFU, BOFU 중 어느 쪽에 더 많은 구독자가 있는지 역시 중요한 지표가 됩니다. 이메일 마케팅에서 중요한 KPI를 하나씩 따져 살펴보겠습니다.

이메일 마케팅에서 중요한 KPI

전달률(Delivery Rate)

전달률은 소프트 바운스, 하드 바운스 등을 통해 전체 발송 메일의 몇

퍼센트가 제대로 수신되는지를 보는 지표입니다. 전달률이 80% 이하라면 반드시 그 원인을 확인하고 수정해야 하며, 잘못된 이메일 주소와 수차례 발송해도 계속 전달이 되지 않는 이메일 주소가 리스트에 있는 경우 즉시 삭제하여 높은 전달률을 유지할 수 있도록 합니다.

오픈율(Open Rate)

오픈율은 전체 수신자 중 몇 명이 실제로 이메일을 열었는지를 확인하는 지표입니다. 구독자 수가 늘어나면 늘어날수록 오픈율은 감소하는 것이 일반적입니다. 예를 들어, 전체 구독자 100명 중 수신자가 90명이고 메일을 실제 오픈한 사람이 40명이라면, 오픈율은 40/90, 약 44%로 측정됩니다.

클릭률(Click Rate / Click Through Rate)

이메일 콘텐츠 안에 링크가 두 개인 경우 한 사람이 두개를 클릭하게 되면 클릭률이 높아집니다. 예를 들어, 전체 구독자 100명 중 수신자가 90명이고 메일을 실제 오픈한 사람이 40명일 때를 살펴보겠습니다.

전체 구독자: 100명
수신된 사람: 90명
오픈한 사람: 40명
오픈율: 44%
링크를 한 개 또는 이상을 클릭한 사람: 20명
클릭률: 50%(20/40)

클릭률은 오픈율이 높을수록, 이메일 콘텐츠 내에 링크가 많으면 많을수록 높아집니다. 여러 개의 링크 중 하나라도 클릭하면 클릭률이 카운트되기 때문입니다. 그러므로 여러 링크가 있는 경우 직접적인 CTA 링크만을 따로 클릭률을 구분하여 개별 콘텐츠에 대한 클릭률을 체크할 필요가 있습니다.

전환율(Conversion Rate)

전환율을 측정하기 위해서는 첫 번째로 홈페이지 랜딩 후 판매 전환을 지표로 볼 것인지, 회원 가입, 카트, 담기와 같은 지표를 측정할 것인지를 우선 정해야 합니다. 홈페이지에서 구글 애널리틱스를 사용하고 있는 경우라면 개별 이메일 링크별로 UTM을 설정하여 발송 이메일마다의 설정한 지표를 통해 측정합니다.

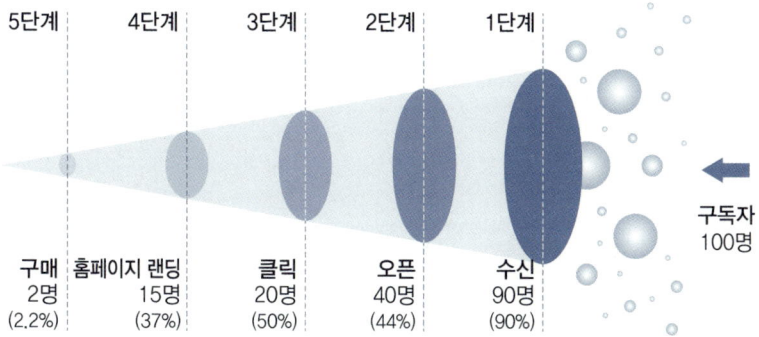

전체 구독자: 100명
수신된 사람: 90명
오픈한 사람: 40명

오픈율: 44%

링크를 한 개 이상 클릭한 사람: 20명

클릭률: 50%(20/40)

홈페이지 랜딩한 사람: 15명

홈페이지 랜딩률: 37%(15/40)

세일즈 전환: 2명

세일즈 전환율: 2.2%(2/90)

지표 측정 연습하기: 전자상거래 전환율 측정

구글 애널리틱스에서 전자상거래 전환율을 측정한다고 예를 들어보겠습니다. 전체 구독자 1만 명에게 이메일을 보낸 뒤 9000명이 메일을 수신한 경우라고 해봅시다. 이메일 캠페인으로 556명이 홈페이지에 들어왔고, 1214건의 세션이 발생했습니다. 190개의 구매 전환이 일어나 1309만 4210원의 매출이 있는 경우라고 해봅시다. 이때 세일즈 전환율부터 전환 객단가까지 측정되는 지표는 다음과 같이 정리할 수 있습니다. 여러 흩어진 지표 사이의 관계를 유동적으로 측정하며 내게 필요한 수치를 확보할 수 있도록 해야 합니다.

전체 구독자: 1만 명

수신된 사람: 9000명

오픈한 사람: 3000명

오픈율: 33%(3000/9000)

링크를 한 개 이상 클릭한 사람: 556명

클릭률: 18.5%(556/3000)

주문수: 190개

세일즈 전환율: 2%(190/9000)

총 전환금액: 1309만 4210원

전환 객단가(ARPPU): 6만 8916원(190/13094210)

이메일 한개당 가치(ARPU): 1454원(9000/13094210)

구독 취소율(Unsubscribe Rate)

구독 취소율은 발신된 이메일에서 구독 취소 버튼을 통해 구독을 취소한 사람을 보는 지표입니다.

전체 구독자: 100명

수신된 사람: 90명

구독 취소한 사람: 2명

구독 취소율: 2.2%(2/90)

바운스율(Bounce Rate)

발송된 메일에서 하드 바운스 또는 소프트 바운스 때문에 이메일이 전달되지 않는 비율을 말합니다. 바운스율과 전달률은 그래서 같이 움직입니다.

전체 구독자: 100명

바운스된 사람: 10명

바운스율: 10%

전달률: 90%

구독 증가율(Subscriber Growth Rate)

구독 증가율은 말 그대로 구독의 증가를 볼 수 있는 지표입니다. 총 이메일 구독자 중 신규 구독자에서 구독 취소자와 바운스 구독자를 뺀 값의 비율을 측정합니다.

1월

새로운 구독자: 100명

구독 취소한 사람: 2명

바운스된 사람: 10명

총 메일 구독자: 1000명

➡ 100 − (2 + 10) / 1000 = 8.8%

2월

새로운 구독자: 300명

구독 취소한 사람: 5명

바운스된 사람: 15명

총 메일 구독자: 1087명

➡ 300 − (5 + 15) / 1087 = 25.8%

위의 예시에서 보듯이 1월에 비해 2월에 구독 취소한 사람 및 바운스된 사람이 증가하고 총 메일 구독자가 증가했지만, 새로운 구독자가 3배로 늘었습니다. 결론적으로는 구독 증가율은 25.8%로 1월에 비해 2.9배 성장한 것을 볼 수 있습니다.

오픈율, 클릭률 높이기 팁!

・・・

제목

제목은 가장 중요한 오픈 트리거입니다. A/B 테스트 등을 통해 구독자가 오픈을 잘 하는 제목 패턴을 찾아야 합니다. 개인화된 제목과 이모지 등이 오픈율 증가를 돕습니다.

콘텐츠와 제목의 연관성 높이기

콘텐츠와 제목의 연관성이 낮다면 한두 번 이상의 메일 이후에는 오픈율이 떨어질 수밖에 없습니다. 제목과 연관된 콘텐츠로 구독자가 원하는 콘텐츠의 초점을 맞춥니다.

프리뷰 텍스트

제목과 함께 가장 중요한 오픈율을 좌우하는 부분입니다. 구독자의 디바이스 환경 및 세팅에 따라 정확한 글자 수는 달라지지만 이메일 오픈 전 보이는 첫 20여 글자를 오픈 트리거로 만드세요!

발송자 이름

발송자 이름이 실제 발송자가 누구인지 알 수 없거나, 이메일 콘텐츠와 관계 없는 사람이라면 구독자가 의심하여 이메일을 열지 않을 가능성이 높습니다. 최대한 분명하게 발송자 이름을 명시합니다.

발송 시각

이메일 발송 시각의 중요성은 어떻게 강조해도 끝이 없습니다. 이메일 리스트에 포함된 사람들의 전체적인 성향에 맞춘 시각에 이메일을 보냅니다. 예를 들어 회사 이메일 주소를 주로 모아놓은 리스트라고 하면 점심시간 전후에 보내는 것이 오픈율을 높일 수 있습니다. 유치원을 다니는 아이의 어머니들을 상대로 한다고 하면 하원하는 아이를 픽업하기 전인 시간인 점심시간대가 최적의 시간일 수 있습니다.

발신 빈도

발신 빈도가 높다면 그만큼 오픈율은 떨어질 수 있습니다. 기간만 달리한 두 개의 시퀀스로 A/B 테스트를 진행해 최적의 빈번도를 찾아내도록 합니다. 오픈율이 중요하지 않고 빠른 전환을 목적으로 하며 구독 취소가 큰 이슈가 아닌 경우에는 7일 내 5개 이상의 메일을 보내는 것과 같이 공격적인 진행도 가능합니다.

세그먼트화

앞서 설명한 바와 같이 태그를 통한 관심사들이 이미 태그되어 있다면 각각의 구분된 구독자들에게 커스텀 콘텐츠 이메일을 보내 오픈율을 높일 수 있습니다.

스팸 필터 피하기

이메일 수신자의 이메일 스팸 세팅에서 걸릴 수 있는 단어들을 피합니다. 할인, 세일, 무료 등과 같은 단어가 제목에 들어가지 않아야 합니다. 또한 스팸성 이메일은 전체적인 오픈율뿐만 아니라 전달률 자체를 떨어뜨리는 요인이 되기 때문에 스팸성 이메일은 어떤 이유에서도 지양해야 합니다.

설득력 있는 CTA

이메일을 오픈한 사람들이 CTA 버튼을 더 잘 클릭할 수 있게 만듭니다. 예를 들어, 세일즈 이메일의 경우에 수량이 몇 개 안 남았다거나, 오늘까지만 세일을 한다고 전달함으로써 클릭률을 높일 수 있습니다. 또한 클릭 버튼에 들어가는 텍스트와 색깔, 사이즈 등을 테스트하여 클릭률을 최적화합니다.

비디오 / 이미지

모바일을 통해 이메일을 확인하는 사람이 많아짐에 따라 일반적인 텍스트의 클릭률은 점점 더 낮아지고 있습니다. 이미지를 사용하여 액션을 유도하는 버튼을 만들거나 움직이는 GIF 형태로 비디오의 하이라이트 부분을 이메일 본문에 삽입하고 그 위에 [재생] 버튼을 만들어 클릭을 유도합니다. 이러한 버튼이 이메일 콘텐츠 안에 있을 경우 클릭률을 30% 이상 높일 수 있습니다.

이메일 마케팅 FAQ

이메일 마케팅 12문 12답

Q1. 이메일 리스트를 구매해서 이메일 마케팅을 시작해도 될까요?

A1. 절대 안 됩니다. 일단 불법입니다. 구독자의 동의 없이 이메일을 보내는 것은 개인정보법 위반입니다. 또 이렇게 구독자가 원하지 않는 메일은 당연히 전달률도 낮으며 이런 방식으로 받은 메일 때문에 발신 이메일 주소 자체를 구독자가 수신거부 처리한다면 차후에 보낼 이메일의 전달률에도 영향을 끼칩니다. 크롤링 등을 통한 이메일 수집 역시 동일한 케이스입니다.

Q2. 회원가입자 대상으로 웰컴메일을 발송하려고 합니다. 웰컴메일 발송에 관해서도 회원들에게 따로 메일 수신 동의를 받아야 하나요?

A2. 받지 않아도 됩니다. 한국인터넷진흥원 KISA 가이드라인에는 전송자와 수신자 간 계약 및 거래에 따라 수신자의 이익을 위해 제공해야 하는 정보는 광고 표시를 생략할 수 있다고 안내되어 있습니다. 구독

폼 등을 통해 이메일을 구독한 후 처음으로 나가는 웰컴메일은 제목에 "(광고)" 표시를 하지 않아도 됩니다.

Q3. 많은 회사가 자사의 홈페이지 가입회원들에게 "(광고)"를 붙이지 않고 자사 프로덕트를 소개하는 메일을 지속적으로 보내곤 하는데, 이는 어떤 경우인지 궁금합니다.

A3. 광고 정보에 해당하기 때문에 "(광고)"를 이메일 제목 앞에 표기해야 하며, "(광고)" 표시 문구에 문자 등을 삽입하거나 표시 방법을 변경해서는 안 됩니다. 엄밀히 말하면 이런 경우 역시 모두 정보통신망법을 지키지 않은 것입니다. 자사 프로덕트를 소개하는 경우에는 "(광고)"를 붙여야합니다.

Q4. "(광고)"를 명시하지 않아도 되면서 자사 프로덕트를 소개할 수 있는 방법이 있을까요?

A4. 한국의 경우 한국인터넷진흥원의 스팸을 "정보통신망을 통해 수신자의 명시적인 사전 동의 없이 일방적으로 전송되는 영리목적의 광고성 정보를 말한다"고 정의하고 있습니다. 이메일의 발송에 있어서는 제목이 시작되는 부분에 "(광고)"를 표시해야 하며, 본문에는 발송자의 이름, 이메일 주소, 전화번호 및 주소를 표기해야 하며, 구독 취소 버튼을 포함해야 합니다. 이메일 마케팅을 진행함에 있어서 혹시라도 의심이 가거나 확실하지 않은 부분이 있다면 한국인터넷진흥원을 통해 체크하는 것을 추천드립니다.

참고로 미국의 경우는 〈CAN-SPAM ACT of 2003〉에서도 어떤 메시지가 광고성 메시지인지에 대해서는 구체적으로 정의하지 않습니다. 하지만 미국 스팸법은 상품에 대한 직접 광고가 아닌 상업적 목적이 있는 홈페이지로의 이동을 위한 새로운 블로그 포스팅의 공유, 무료로 전달되는 전자책의 공유, 정보성 전달성 이메일, 케이스 스터디 공유도 스팸으로 여깁니다. 또한 이커머스 사이트에서 구매한 내용에 대한 정보 이외의 내용이 들어가는 것도 역시 스팸으로 간주됩니다.

Q5. 구독자 1000명 중 300명은 최근 5개월간 자사 이메일을 한 번도 열어보지 않았다고 합니다. 구독자 리스트에서 삭제하는 게 나을까요? 아니면 오픈을 기대하고 계속 메일을 보내야 할까요?

A5. 삭제하는 게 낫습니다. 이메일 전달률은 EMP에 따라 좌우됩니다. 현재 가진 구독자들에게 보낸 이메일들이 이메일 전달률이 높으면 높을수록 새로운 구독자에게도 전달될 확률이 높습니다.

네이버와 지메일 등은 기본적으로 이메일을 통한 남용, 오용을 고객들을 보호하기 위해 그들만의 규칙들이 있으며, 구독자들이 스팸 처리를 많이 한다거나 신고를 한 경우, 구독자들이 이메일을 열지 않는 패턴들이 보일 경우에는 사용하고 있는 EMP의 이메일 발송 서버 자체를 감시하거나 그 서버를 통해 들어오는 이메일을 금지할 수 있습니다.

이런 이유로 이미 5개월 간 열어보지 않는 300명의 구독자들로 인해 잘 받고 있는 나머지 700명의 전달률까지 낮아질 수 있습니다. 1년에 한 번 또는 두 번씩 지난 6개월 동안 오픈을 한 번도 하지 않은 구독자를 삭제하는 방법을 추천드립니다. 누가 보더라도 가짜 이메일 주소인 경우도 역시 삭제해야 전달률을 높일 수 있습니다.

Q6. 지메일의 받은 메일함에서 프로모션함으로 메일이 분류되는 것을 막을 방법이 있을까요?

A6. 없다고 봅니다. 지메일에서는 프로모션함을 만든 게 오히려 광고성 이메일의 오픈율을 높인다고 발표한 적도 있습니다. 그러나 이 부분은 한국의 구독자 성향 및 구독자의 프로모션함 인지 방식에 따라서도 큰 차이를 보이기 때문에 확언할 수 없습니다. 참고로 리트머스Litmus, 세일즈포스Salesforce, 브레이즈Braze 같은 툴에서는 지메일 프로모션함에 붙는 태그를 편집할 수 있는 서비스를 제공하기도 합니다.

Q7. 저와 같은 EMP를 사용하는 사람들이 스팸을 보내는 것이 제가 보내는 이메일의 오픈율과 관련성이 있을까요?

A7. 예, 있습니다. 전체적으로 본다면 한 EMP에서 쓰는 한국 내 IP 서버가 동일하다면 한국 유저들이 스팸을 많이 보내는 EMP는 피하는 것이 도움이 될 수 있습니다. 이러한 이유로 멀티 IP 주소를 사용하는 EMP를 사용하는 것이 중요하며 이 부분은 EMP의 규모와 상관 관계가 있다고 말할 수 있습니다. 몇몇 EMP에서는 데디케이티드 IPDedicated IP라고 하는 사용자에게 특정한 IP를 부여하여 다른 EMP 사용자에게 영향을 최소화할 수 있는 기능을 제공합니다.

Q8. 홈페이지 플랫폼에서 고객 데이터를 EMP에 임포트했더니 과거 이력을 인증하라고 하는데 이런 경우는 어떤 경우인가요?

A8. A7에서 답변드린 것과 이어집니다. EMP 측에서도 이메일 오픈율과 클릭률을 확인해 다른 유저들의 이메일 전달률을 지키고자 하기 때문입니다. 만약 처음으로 이메일 마케팅을 시작하는 경우라면 이메일 구독자 리스트를 어디서 확보했는지 출처를 물어볼 수도 있습니다. 또한 몇몇 EMP는 이메일 수신자들이 자주 스팸으로 신고하는 경우는 EMP 유저에게 경고를 보내거나 계정을 정지시키기도 합니다. 이 역시 다른 EMP 유저를 보호하기 위함입니다. 덧붙이자면, 홈페이지(플랫폼)에서 고객 데이터를 EMP로 임포트할 때는 이메일 수신에 동의한 사람만을 임포트해야 하며, 전체 메일을 보내야 하는 경우라면 IP 워밍을 우선 하시기를 추천드립니다.

Q9. 지메일, 네이버 등의 포털 이메일 주소를 발송자 이메일로 세팅해도 되나요?

A9. 불가능한 방법은 아니지만 포털 이메일로 발송 이메일 주소로 사용할 경우 구독자의 신뢰도 측면, 해당 포털 이메일에서 스팸 처리할 가능성, 보낸 사람의 도메인과 실제 도메인이 다르게 표기하여 오픈율을 저조하게 만들 가능성이 있습니다. 회사 또는 소유한 도메인을 사용하여 이메일 발송자 등록 후 SPF와 DKIM을 통해 도메인 인증을 한 후 발송하세요.

참고로 도메인 평판에 따라 전달률에도 영향이 있습니다. 즉, 사용하는 도메인으로 보내진 이메일들이 네이버, 지메일들의 메일함에서 스팸으로 처리되는 빈도와 구독자들이 하는 스팸 신고 등에 따른 영향을 받습니다.

Q10. 오픈율과 클릭률이 비례해서 움직이지 않는다면, 둘 중 어떤 게 더 중요할까요?

A10. 상황마다 다를 수 밖에 없으며, 상관 관계는 특별히 고려하실 필요가 없습니다. 심지어 이메일을 발송하는 사람의 목적이 브랜드와 친밀감, 유대감 형성이라면 클릭할 수 있는 버튼이 없는 것이 유리할 수도 있습니다. 반대로 세일즈 목적에 가까운 이메일이라면 오픈율보다는 클릭률과 클릭 이후 전환율이 더 중요합니다.

Q11. EMP를 활용해 이메일에 비디오를 삽입할 수도 있나요?

A11. 불가능합니다. 보통 EMP는 비디오 같은 대용량 파일을 보내지 못하게 합니다. 대신 유튜브, Vimeo 등의 링크를 넣는 경우 섬네일을 보여주는 기능을 가진 EMP들이 있습니다. 이런 기능이 없는 경우라도, 비디오 스크린숏을 삽입하고 플레이 버튼을 스크린숏 이미지 위에 추가한 섬네일을 제작해, 링크 클릭을 유도할 수 있습니다. 좀 더 품이 들겠지만, 비디오 파일을 GIF로 만들어 첨부하는 방법도 있습니다.

Q12. EMP로 메일을 발송할 때 이메일 내의 링크들을 비틀리bit.ly 같은 링크 단축기로 단축해 삽입하는 것도 괜찮을까요?

A12. 좋은 방법은 아닙니다. 이메일 내 링크 클릭을 트래킹하기 위해

결국 단축 링크를 실제 링크로 전환하기 때문에, 로딩이 길어지고 트래킹에 필요한 정보가 유실될 가능성도 있습니다. 아울러 발송하는 이메일 도메인과 이메일 내부 링크의 도메인이 같은 경우, 높은 IP 평판을 얻을 수 있어 SEO 상위 노출에도 도움을 받을 수 있기 때문에 실제 링크를 활용하는 편이 이득인 경우가 많습니다. 또, 링크 단축기 자체의 오류로 단축된 링크가 접속 제한될 가능성도 염두에 둬야 합니다.

이메일 쫌 아는 마케터
– 그로스 마케팅의 필수 스킬

초판 1쇄 발행 | 2023년 11월 15일

지은이 | 이하석
펴낸이 | 이은성
편 집 | 홍순용
디자인 | 백지선
펴낸곳 | e비즈북스

주 소 | 서울시 창덕궁길 29-38, 4-5층
전 화 | (02) 883-9774
팩 스 | (02) 883-3496
이메일 | ebizbooks@naver.com
등록번호 | 제2021-000133호

ISBN 979-11-5783-323-8 03320

e비즈북스는 푸른커뮤니케이션의 출판브랜드입니다.